어, 어디서 봤더라?

자연이 선물한 첨단 과학의 세계로!
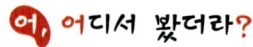

초판 1쇄 발행 2008년 3월 31일
초판 3쇄 발행 2009년 10월 1일

글　강현옥·김은경
그림　김동원

펴낸곳　파란자전거
펴낸이　이영선
출판등록　1999년 9월 17일 (제406-2005-000048호)
주간　강영선
편집장　김선정
편집　김문정 김계옥 이윤희 임경훈 성연이 최미소
디자인　오성희 김민정 김아영
마케팅　김일신 박성욱
관리　박정래 손미경
주소　경기도 파주시 교하읍 문발리 파주출판도시 498-7
연락처　(031) 955-7470　팩스 (031) 955-7469
홈페이지　www.paja.co.kr
이메일　booksea21@hanmail.net

ⓒ 2008, 강현옥·김은경·김동원
ISBN 978-89-89192-82-4 73400

이 도서의 국립중앙도서관 출판시도서목록(CIP)은 e-CIP 홈페이지(http://www.nl.go.kr/ecip)에서
이용하실 수 있습니다.(CIP제어번호: CIP2009002838)

파란자전거는 도서출판 서해문집의 어린이책 브랜드입니다. 페달을 밟아야 똑바로 나아가는 자전거처럼
파란자전거는 어린이와 청소년이 혼자 힘으로도 바르게 설 수 있도록 도와줍니다.

| 추천의 말 |

나도 과학자가 될 수 있어요!

온고지신이라는 말이 있습니다. 옛것을 익히고 그것으로 비추어 헤아려서 새것을 안다는 뜻이지요. 이것은 과학에도 잘 맞는 말입니다. 대부분의 과거 지식은 새로운 과학 지식을 얻는 데 디딤돌 역할을 하기 때문입니다. 간단한 예를 들어 볼까요? 화학 혁명을 일으킨 프랑스의 화학자 라부아지에를 아시나요? 라부아지에가 이룩한 연소 이론은 그 혼자만의 업적이 아닙니다. 그 이전과 당시 과학자들의 업적이 축적된 결과지요.

또 과학은 자연을 관찰하는 데에서부터 시작하고 자연을 흉내 내면서 발달합니다. 하늘을 날고 싶은 사람들의 꿈은 새의 날갯짓을 관찰함으로써 이루어졌고, 사람의 눈을 본떠 만든 카메라는 현재의 모습을 영원히 간직할 수 있게 해 주었습니다.

우연이 낳은 과학도 있습니다. 푸른곰팡이에서 얻은 페니실린이 바로 그것이지요. 하지만 여기서 주목해야 할 것은 과연 '우연' 만의 산물인가 하는 것입니다. 푸른곰팡이가 바람에 실려 와 균을 배양하는 접시에 들어간 것은 분명 우연입니다. 그러나 그것으로부터 항생 작용이 있는 페니실린을 얻게 된 것은 결코 우연이 아니라는 것입니다. 플레밍이 페니실린을 발견하게 된 것은 곰팡이 주변에서는 균이 자라지 못하는 현상을 그냥 지나치지 않았기 때문입니다. '왜 그럴까'를 외치며 탐구에 탐구를 거듭했기 때문이지요.

이 책은 자연을 흉내 내고 우연이 낳은 과학들을 흥미롭게 써 내려가고 있습니다. 어디선가 봄직한 호기심 많고 장난기 가득한 미믹과 공부 잘하고 꼼꼼한 누나 이지. 이 두 주인공을 따라가다 보면, 어느새 우리도 과학자가 될 수 있을 것 같은 생각이 들기도 합니다. 또 과학은 현재에 머무르지 않고 늘 미래를 향하고 있기 때문에 무한한 가능성을 가지고 있다는 것을 알게 해 줍니다. 그래서 어린이들에게 과학에 대한 꿈과 호기심을 불어넣어 주고, 첨단 과학 기술의 바탕이 된 자연의 소중함에 대해 다시 한 번 생각하는 기회를 주는 책이라고 할 수 있습니다.

너무 높이 날다가 날개가 녹아 버린 이카로스의 교훈을 과학의 합리성으로 받아들인다면 저의 지나친 해석일까요? 아무튼 이 책은 '기회는 준비된 자에게만 찾아오는 것'이라는 메시지를 시종일관 보내고 있으며, 이 책을 읽는 누구라도 '준비된 자'가 될 수 있음을 강조합니다. 인내심을 가지고 자신이 하는 일에 몰두하는 그 누구라도 말입니다.

최미화
중앙과학교육심의위원, 여의도고등학교 화학교사

| 글쓴이의 말 |

자연 속 신나는 과학 여행

　머리가 아프고 열이 날 때 먹는 아스피린, 죽어 가는 많은 사람들을 살려 낸 항생제 페니실린, 운동화나 옷의 여밈 부분을 붙였다 뗐다 할 수 있게 해 주는 벨크로테이프, 그리고 초소형 정찰 비행기와 초고속 인터넷을 가능하게 한 광통신, 보는 각도와 온도에 따라 색깔이 변하는 화장품까지……. 이 모든 것들이 자연을 흉내 내서 만들었다는 것을 아시나요?
　자연을 관찰하고 흉내 내기 위해 노력해 온 과학자들 덕분에 우리는 이렇게 편한 세상에 살고 있습니다. 앞으로도 많은 과학자들이 자연을 더 깊이 연구하고 흉내 낼 거예요. 또 거기에 그치지 않고 더욱더 발전시켜 나갈 것입니다. 시간이 갈수록 생활이 편해지고, 풍요로워지겠지요. 자연을 흉내 내서 만든 만큼 환경오염도 줄일 수 있을 거라고 믿습니다.

　여러분은 우리 주변에 있는 것에 대해 관심을 가져 본 적이 있나요? 먼 곳이 아니라 내 주위부터 살펴보세요. 호기심을 갖고 관찰하다 보면 보통 때 시시해 보이던 것에서도 특별함을 찾아낼 수 있어요. '바이오미메틱스' 하면 어렵고 멀게만 느껴지는 첨단 과학이라고 생각할지 모르겠어요. 하지만 알고 보면 자연에 쏟은 작은 관심과 연구에 대해 자연이 준 커다란 선물이랍니다.

　《어, 어디서 봤더라?》는 과학을 다루고 있지만 그보다 더 큰 틀은 자연에 대해 생각해 보는 거예요. 자연의 소중함, 자연을 흉내 내는 것이 왜 중요한지 말이에요. 이 책을 읽고 나면 자연이 왜 소중한지, 자연을 흉내 내는 것이 왜 중요한지 확실하게 알 수 있을 거예요.

　지금 이 순간에도 세계 곳곳에서는 수많은 과학자들이 하늘과 땅과 바다를 가리지 않고 호기심 어린 눈으로 연구에 열중하고 있답니다. 곰곰이 생각해 보세요. 과거에는 상상도 하지 못했던 것들이 지금 우리 생활 속에 펼쳐져 있잖아요. 미래의 어느 날엔 우리가 지금 상상하고 꿈꾸는 것들이 현실이 되어 있을 거예요.

　여러분도 이지, 미믹과 함께 자연을 관찰하고 체험하면서, 자연 속에서 어떤 점을 흉내 낼지 한 가지씩 생각해 보세요.

　자, 그럼 지금부터 자연에서 찾은 과학 속으로 여행을 시작해 볼까요?

차례

추천의 말 … 4
글쓴이의 말 … 6
미믹, 이지와 함께 바이오미메틱스 세계로 출발! … 10

1. 다이달로스와 이카로스의 날개 … 12
   하늘을 날고 싶었던 사람들, 새의 날개를 모방하다

2. 사냥하다 발견한 벨크로테이프 … 26
   붙였다 뗐다 쉽고 편리한 찍찍이 이야기

3. 바람의 선물, 푸른곰팡이와 페니실린 … 36
   자연을 담아 낸 약 이야기

4. 홍합 단백질 접착제 … 50
   거친 파도에도 끄떡없는 홍합 이야기

5. 바르면 나타나는 마술 같은 색의 비밀 … 62
   빨간색으로 변하는 흰색 립스틱 이야기

6. 잠자리를 닮은 초소형 비행체 … 74
   미션! 비행의 달인, 곤충을 닮아라

7. 씻지 않아도 깨끗해지는 연잎 효과 … 86
   연잎에 떨어진 물방울이 또로롱 굴러 떨어지는 이유

8. 생체공학형 컨셉트카, 박스피시 … 96
   바다 속 물고기를 닮은 자동차 이야기

9. 광섬유를 선물한 해면 … 108
   초고속 인터넷의 비밀, 광섬유 이야기

10. 허니콤, 육각기둥의 힘 … 120
    똑똑한 건축가, 꿀벌 이야기

11. 게코도마뱀의 발바닥에 비밀이… … 132
    스파이더맨처럼 벽을 타고 오르는 꿈!

12. 저항을 잡은 전신 수영복 … 146
    나는야 바다의 왕자, 상어처럼 빠르게

13. 내 눈을 닮은 카메라 이야기 … 158
    눈과 카메라의 공통점 찾기

14. 강철보다 강한 바이오스틸 … 172
    총알도 막아 내는 거미줄 이야기

15. 광합성을 하는 플라스틱 태양 전지? … 186
    자연을 지키는 에너지, 자연으로부터 배우다

미믹, 이지와 함께 바이오미메틱스 세계로 출발!

제 이름은 이지입니다. 쉽다는 뜻의 easy가 아니라, 한자로 理智예요. 이치 리 理, 지혜 지 智! 아빠가 이성과 지혜를 두루 갖춘 딸이 되라고 이름을 이렇게 지어 주셨답니다. 제 이름 예쁘죠?

엄마 아빠는 제가 이름만큼이나 똑똑하고 착한 딸이라고 칭찬하세요. 전 궁금한 게 참 많아요. 왜 과학자들이 곤충이나 자연을 흉내 내려 하는지도 궁금하고, 어떤 연구를 하고 있는지도 궁금합니다. 궁금한 것이 많아서 늘 아빠, 엄마 그리고 삼촌을 귀찮게 하기도 하지만요.

전 커서 자연을 닮은 발명품을 만들어 내서 우리 생활에 도움을 주는 과학자가 될 거예요. 그 꿈을 이루기 위해 지금은 과학반에서 재미있는 실험도 많이 하고, 과학책도 열심히 읽고 있답니다.

이지 理智

미믹 mimic

　미믹은 새가 되고 싶다고 늘 하늘만 쳐다보고 있는 제 동생입니다. 이름이 미믹이냐고요? 아니에요. 온종일 뭔가 흉내를 내고 있고, 자기가 새라며 저렇게 난리를 치니 제가 흉내쟁이, 따라쟁이라는 별명을 붙여 준 거예요. '미믹mimic'이 흉내쟁이라는 뜻이거든요.

　곤충을 연구하는 과학자가 되고 싶다는데, 아무래도 과학자가 되기는 힘들 것 같아요.

　좀 보세요. 어깨에 망토를 두르고 "날아라~ 제발!"을 외치질 않나, 엄마가 곱게 빨아 둔 하얀 수건을 천사 날개라며 등에 달고 다니지를 않나……. 대체 미믹은 언제 철이 들까요?

　어이구, 저 녀석 하는 말 좀 들어 보세요.

　"아, 날개가 있었으면 좋겠다. 독수리처럼 멋지게 하늘을 한번 날아 보고 싶단 말이야!"

　제발, 누가 미믹 좀 말려 주세요!

1
다이달로스와 이카로스의 날개

정신 차려, 미믹!
자연을 흉내 낸 것들을
찾아봐야지!

하늘을 날고 싶었던 사람들, 새의 날개를 모방하다

"미믹! 이 느림보 거북아. 빨리 좀 와! 여기 너랑 비슷한 사람들이 있어. 하늘을 나는 사람들인데, 빨리 안 오면 널 빼고 이야기를 시작할 거야."

어휴, 미믹 같은 사람이 또 있을 줄은 몰랐네요. 저 녀석, 이 얘기를 못 들으면 후회할 텐데……. 제 동생 미믹이 도착하면 이야기를 시작해요. 하늘을 날고 싶어 하는 제 동생을 위해서 그 정도는 기다려 주실 수 있죠?

자, 이제 하늘을 날고 싶었던 사람들 이야기를 해 볼까요? 이야기는 그리스의 에게 해 남쪽 끝에 있는 작은 섬, 크레타에서부터 시작합니다. 크레타는 그리스에서 맨 처음 문명이 발달한 곳이에요.

"미믹, 그리스 신화 이야기 알지? 만화책만 읽었어도 포세이돈 정도는 알겠지?"

"당근이지. 바다의 신, 포세이돈 아냐."

"응. 바다의 신, 포세이돈이 왕이 된 지 얼마 안 된 미노스에게 제물을 바치라고 했어. 하지만 미노스 왕은 제물을 바칠 만한 것이 없다며 포세이돈

에게 사정을 했지. 그러자 포세이돈이 높은 파도 속에서 흰 수소를 한 마리 꺼내 제물로 바치라며 미노스에게 보내 줬어."

"그 정도는 나도 알아. 미노스가 욕심이 생겨서 흰 수소를 숨겨 두고는 자신이 기르던 소 한 마리를 바쳤고, 포세이돈이 그걸 눈치 챘지? 그래서 포세이돈이 미노스를 벌주려고 왕비, 파시파에가 흰 수소에게 반하도록 만들어 버렸고……. 파시파에는 미노스가 나라를 떠나 있는 동안 최고의 장인이었던 다이달로스에게 자신이 매력적인 암소로 보이도록 만들어 달라고 했던 거잖아. 그래서 아이가 태어났고, 그 아이가 바로 유명한 괴물, 미노타우로스고. 누나도 참, 다 아는 이야기를 하려고 부른 거야? 하늘을 나는 사람들 이야기를 해 주겠다며!"

미믹이 아주 정확하게 알고 있었네요. 만화책 그림만 보는 줄 알았는데 내용도 꼼꼼히 읽었나 봐요.

맞아요. 다이달로스는 파시파에를 위해 나무로 암소를 조각한 다음 속을 파냈지요. 수소의 눈에는 나무로 만든 암소 조각을 뒤집어쓴 파시파에 모습이 너무나 매력적인 암소로 보였어요. 그렇게 파시파에의 작전은 성공했고, 그리스 신화 속 괴물, 미노타우로스가 태어났답니다.

"미믹, 미노타우로스가 머리는 소, 몸은 사람 모양을 한 괴물이라는 거 알아?"

"응!"

녀석 벌써 재미없다는 듯 딴 짓을 합니다. 이제 하늘을 날았던 사람, 다이달로스에 대한 이야기를 슬슬 꺼내야겠네요.

"그래. 이제 하늘을 날았던 사람, 다이달로스와 이카로스에 대한 이야기를 해 줄게."

"뭐야, 나무로 암소를 만들었던 다이달로스가 하늘을 날았어?"

"맞아. 크레타 섬으로 돌아와 이 모든 사실을 알게 된 미노스 왕은 불같이 화를 냈어. 왕비가 소와 사랑을 나누고 나서 괴물을 낳았으니 왕으로서의 체면도 말이 아니었겠지. 이를 부끄럽게 여긴 미노스 왕은 다이달로스에게 그 책임을 물었어. 그리고는 아무도 빠져나올 수 없는 미로로 된 궁을 만들라고 명령했지. 그리고 미

노타우로스를 그곳에 가둬 버리라고 했대."

"거기까지는 나도 알아! 미노스 왕이 이웃나라 아테네에서 매년 처녀와 청년 일곱 명씩을 미노타우로스의 먹이로 데려왔잖아. 아테네 국민이 불안해하고, 불만의 목소리가 높아지자 아테네 왕자 테세우스가 스스로 제물이 되어 미노타우로스를 죽이겠다고 나섰고……."

그리스 시대의 항아리에 새겨진 테세우스와
아리아드네, 괴물 미노타우로스의 모습입니다.

미믹, 다시 봐야겠는데요. 여러분도 다 아세요? 테세우스는 미노타우로스의 먹이로 위장해 크레타로 끌려갔어요. 이때 미노스 왕의 딸 아리아드네가 테세우스를 보고 첫눈에 반해 버렸답니다. 아리아드네는 테세우스에게 미궁 속에서 빠져나올 수 있는 방법을 알려 줄 테니, 아테네로 돌아갈 때 자신을 데려가 결혼해 달라는 제안을 했어요. 테세우스가 아름다운 아리아드네의 제안을 거절할 이유가 없지요. 테세우스는 아리아드네가 알려 준 대로 미궁 입구에 실 끝을 묶어 두고는 실패를 들고 들어갔어요. 그리고 미노타우로스를 죽인 뒤에, 그 실을 되감으며 미궁을 빠져나왔답니다. 미믹은 여기까지 모두 알고 있었어요. 제 동생이지만, 기특한걸요.

"미믹! 테세우스가 미궁에서 빠져나왔다는 것을 안 미노스 왕이 화가 나서 다이달로스와 그의 아들 이카로스를 미궁 속에 가둬 버리잖아. 다이달로스와 이카로스가 미궁에서 어떻게 빠져나오는지 알아?"

"다이달로스가 날개를 만들어서 미궁을 빠져나온 다음 아폴론을 위한 신전을 만들었다는 것만 알아. 만화책에서는 그냥 그렇게 간단하게 끝났어. 근데 왜? 날개가 뭐 잘못됐어?"

"아니야. 내용은 맞는데, 좀 더 자세하게 알고 싶지 않니? 그 날개에 대해서 말이야."

"글쎄, 뭐 특별한 게 있어?"

그럼요, 특별한 게 있지요. 다이달로스의 날개가 바로 자연을 따라 한 것이거든요.

"다이달로스는 미노스 왕이 육지와 바다로 통하는 길을 철저하게 감시하고 있다는 것을 알고 있었어. 그래서 하늘을 이용해 탈출하기로 한 거지. 그리고 고민 끝에 새의 깃털을 모으고 모아 날개를 만들기 시작했어."

조그만 깃털을 합치고 합쳐서 큰 날개를 만들었는데, 조금 큰 깃털은 실로 묶고, 작은 것은 밀랍으로 붙여 나갔어요. 밀랍은 벌이 집을 지을 때 쓰는 건데, 양초를 만들기도 해요. 양초에 불을 붙이면 녹지요? 그런 촛농 같은 것이 밀랍이라고 생각하면 된답니다.

"드디어 날개를 완성한 다이달로스는 직접 실험해 본 다음, 아들에게 날개를 붙여 주었지. 그리고 나는 방법을 가르쳤어."

"팔에 날개를 달면 누구든 날 수 있나? 나도 앞으로는 슈퍼맨 망토 말고 어깨에다 날개 달래. 누나, 날개 만드는 것 좀 도와줘. 깃털을 얼마나 모아야 하려나?"

어휴, 또 딴소리네요. 그래도 이야기는 계속해야죠?

다이달로스는 아들 이카로스가 걱정되어서 신신당부했어요. 하늘을 날 때는 꼭 적당한 높이로 날아야 한다고요. 너무 낮게 날면 바다에서 올라오는 습기 때문에 날개가 무거워지고, 너무 높게 날면 태양의 열 때문에 날개를 붙일 때 사용한 밀랍이 녹아서 바다로 떨어지게 될 거라고 말이죠.

이카로스는 걱정 말라며 아버지를 안심시켰어요. 다이달로스가 하늘을 향해 힘껏 날아오르고, 이카로스도 곧 따라서 날아올랐어요. 하늘을 나는 다이달로스와 이카로스 모습을 본 농부들은 "하늘을 날 수 있는 저들은 분명히 신일 거야!" 했답니다. 새처럼 하늘을 날 수 있는 인간……. 지금 생각해도 쉽게 상상이 안 되지요?

"그래서 어떻게 됐어? 잘 날았어? 와우, 신나겠다. 나도 이렇게~ 이렇게~ 날아 봤으면 좋겠다. 부럽다, 부러워!"

여러분 보이세요? 미믹이 버둥거리면서 나는 흉내를 내네요. 대체 저 녀석 팔에 끼고 있는 건 뭐죠? 커다란 부채 같기도 하고, 두꺼운 종이 같기도 하고. 어이쿠! 종이상자를 오려서 붙였나 봐요. 우하하!

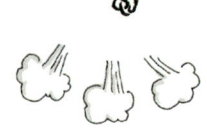

이렇게 하면 날 수 있다 이거지~

"미믹! 그렇게 버둥거린다고 다 날 수 있는 게 아냐. 이건 신화 속 이야기잖아. 중요한 건 그게 아니라, 자연을 본뜬 날개 이야기를 하려고 했던 거란 말이야."

"나도 알아. 다이달로스가 새 날개를 본떠서

하늘로 탈출했다는 이야기잖아. 지금 자연모방, 생체모방이라고 부르는 바이오미메틱스 이야기를 하려는 거 아니냐고……. 다 안다니까!"

까불긴 해도 이해는 했네요. 새처럼 하늘을 날려고 새의 날개를 흉내 내는 것도 바이오미메틱스입니다. 자연을 본뜬 생체모방 기술이 요즘 점점 더 발달하고 있다는데, 어떤 기술들이 있는지 좀 더 찾아봐야겠어요.

참, 다이달로스와 이카로스는 무사히 탈출했을까요?

하늘을 나는 것에 신이 난 이카로스는 아버지 경고를 잊어버리고

자연이 준 선물, 바이오미메틱스

'바이오미메틱스(Biomimetics)'는 생명을 뜻하는 'bio : 바이오'와 흉내 낸다는 뜻을 가진 '미믹 : mimic'이 합쳐진 말이에요. '생물을 모방하는 과학, 공학'이란 말이 되네요. 각종 생물의 뛰어난 특징을 본떠서 첨단 과학으로 발전시키는 거랍니다. 사실 이것은 이미 오래전부터 연구되어 왔어요. 옛날부터 기계공학 분야에서는 새로운 것을 발명할 때 가장 먼저 생각한 방법이 바로 자연을 따라 하는 것이었답니다. 하늘을 날기 위해서는 당연히 새를 모방해서 날개를 만들어야 했죠. 이번 이야기는 명장 다이달로스가 미궁에서 탈출하기 위해 깃털을 밀랍으로 붙여 날개를 만들었다는 신화 속 이야기지만, 실제로 비행기를 발명한 라이트 형제는 대머리독수리를 보고 비행체를 설계했어요. 날갯짓을 통해 전후좌우, 심지어 정지 비행까지 자유자재로 하는 새와 곤충의 비행 원리를 흉내 내려는 노력은 아주 오래전부터 시작되었지요.

하늘 높이 날았어요. 뜨거운 태양 빛이 그냥 둘 리 없지요. 태양 빛은 밀랍을 녹였고, 밀랍으로 붙여 둔 날개가 하나씩 하나씩 떨어져 나갔답니다. 결국 이카로스는 허공에 팔만 버둥대고 있었어요. 바로 미믹처럼, 저렇게요. 그렇게 버둥대던 이카로스는 바다에 떨어지고 말았답니다. 이카로스를 잃고 슬픔에 빠진 다이달로스는 울면서 자신의 부족한 기술을 한탄했지요. 다이달로스는 바다에서 이카로스를 건져 내 양지바른 곳에 묻고, 무사히 바다를 건너 시켈리아에 도착했어요.

그리고 그곳에 아폴론을 위한 신전을 세웠어요. 그러고는 사용했던 날개를 그곳에 걸어 두어 신에게 바쳤답니다.

"요즘 생체모방 기술이 점점 발달하고 있어. 머지않아 네가 원하는 것처럼 하늘을 날아다니는 사람이 생길지도 몰라."

"야호, 신난다. 그때까지 난 다이달로스처럼 날개를 만들어서 하늘을 날아 봐야지. 밀랍으로 붙이면 떨어질 수도 있으니까, 본드로 붙여야겠다. 강력 본드, 아싸!"

정말 못 말리겠네요. 하지만 어쩌겠어요. 귀엽잖아요. 그런데 정말 바이오미메틱스, 생체모방 분야를 연구하는 과학자들이 있나요? 미믹을 위해서라도 이런 과학 기술에 대해 좀 더 알아봐야겠어요. 저 녀석이 지금은 엉뚱한 생각만 하지만, 곧 방법을 찾아서 유명한 과학자가 될지도 모르는 일이잖아요. 과연 그런 날이 올까……

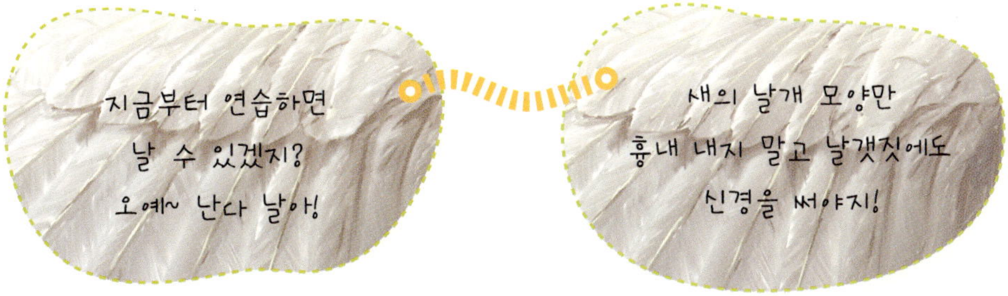

지금부터 연습하면 날 수 있겠지? 오예~ 난다 날아!

새의 날개 모양만 흉내 내지 말고 날갯짓에도 신경을 써야지!

아는 만큼 커지는 생각 보따리

어리석은 라이트 형제?

'새처럼 하늘을 맘껏 날 수 있다면 얼마나 좋을까?' 누구나 한 번쯤 이런 꿈을 꾸지요. 특히 어릴 적에는 말도 안 되는 상상을 하기도 합니다. 그런데 그거 아세요? 가끔 그 말도 안 되는 상상이 세상을 바꾸기도 한다는 것!

지금부터 어렸을 적 꿈을 이루어 낸 사람들 이야기를 해 볼까 합니다. 미국에서 인류 최초의 동력 비행기를 발명한 형 윌버 라이트(Wilbur Wright, 1867년~1912년)와 동생 오빌 라이트(Orville Wright, 1871년~1948년) 이야기예요.

자동차 제조 판매업으로 크게 성공했던 라이트 형제는 한 독일 사람이 글라이더 추락으로 사망했다는 걸 알게 된 뒤로 비행기에 대해 흥미를 갖기 시작했어요. 1899년 어느 날, 라이트 형제는 새가 하늘을 나는 것을 유심히 관찰하다가 흥미로운 점을 발견했답니다. 새가 날갯짓을 하다가 날개를 쫙 펴서 하늘을 흐르듯 날아갈 때, 좌우 날개가 같은 방향으로 움직이는 것이 아니라 한쪽 날개가 아래쪽을 향하면 다른 한쪽은 위쪽을 향하게 서로 반대로 틀어서 움직인다는 것을요. 라이트 형제는 이렇게 새가 나는 방법을 비행기 설계에 적용시켰어요. 새가 나는 것처럼 비행기 좌우 날개를 서로 반대로 틀어서 좌우로 흔들리게 조종을 해 보았던 거예요.

라이트 형제는 글라이더를 만들어서 여러 번 실험을 했고, 마침내 1903년 12월 17일 여름, 동력 비행기인 플라이어 1호를 만들어 강한 바람 속에서도 26m 거리를 59초 동안 나는 데 성공했답니다. 인류 최초의 비행이었지요.

사람들은 모두 형제를 미쳤다고 손가락질했어요. 새가 나는 모습을 유심히 관찰해서 인류 역사에 큰 공을 세운 라이트 형제, 이들이 발명을 성공으로 이끈 가장 큰 이유는 무엇이었을까요? 계속될 생체모방에 관한 이야기 속에 그 이유가 숨어 있답니다. 생각하며 읽는 습관이 필요할 거예요.

먼저 라이트 형제가 만들어 낸 발명품과 그들이 한 일들을 책이나 인터넷을 이용해 더 많이 찾아보세요. 스스로 찾아서 알아보고 생각해 보는 것이 중요하니까요. 무엇인가를 배우고, 지금보다 좀 더 발전해 나가는 방법으로서 직접 해 보는 것만큼 좋은 건 없답니다.

2
사냥하다 발견한 벨크로테이프

붙였다 뗐다 쉽고 편리한 찍찍이 이야기

"찍찍이는 우리 주변에서 흔히 볼 수 있는데, 우주복에도 찍찍이가 쓰인다니까 정말 이상하다. 그치?"

"응, 누나! 정말 그래. 내 준비물가방, 옷, 신발, 모자에도 씩씩이가 붙어 있는데……."

그러네요. 우리 집 냉장고 손잡이에도 찍찍이가 붙은 덮개가 씌워져 있어요. 엄마는 커텐을 묶을 때나 컴퓨터 선 같은 게 여러 개일 때 찍찍이 테이프로 꼼꼼히 묶기도 하세요. 이 찍찍이도 생체모방 제품이라면서요? 찍찍이는 무엇을 닮은 걸까요?

사실 얼마 전 과학부에서 찍찍이에 대한 내용을 배웠어요. 사냥을 하다가 발견했대요. 미믹에게 찍찍이가 만들어지게 된 이야기를 해 주었지요.

스위스에 조지 드 메스트랄이라는 분이 계셨어요. 아저씨는 알프스에서 애견과 함께 사냥하는 것을 무척 좋아했지요. 1940년대 초 어느 날, 그날도 알프스에서 사냥개와 함께 산토끼 사냥을 하고 있었어요. 그날은 유난히 산토끼가 안 잡혀서 숲 속을 이리저리 뛰어다니다가 겨우 한 마리를 잡는 데 성공했대요. 그제야 정신을 차리고 보니까 몸 여기저기에 엉겅퀴 씨앗과 나뭇잎들이 붙어 있지 뭐예요. 아저씨 몸이 꼭 고슴도치 같았어요.

"에잇! 뭐 이런 게 다 붙었지?"

아저씨는 중얼거리면서 옷을 힘껏 털어 보았지만 이상하게 엉겅

찍찍이 아저씨, 조지 드 메스트랄

조지 드 메스트랄(George de maestral)은 사냥을 위해서라면 지옥에라도 간다고 말하는 사냥광이었어요. 늘 하던 대로 토끼 사냥을 나섰던 그는 우연히 엉겅퀴 씨앗이 옷에 붙어 떨어지지 않는 것을 이상하게 생각하고 관찰한 끝에 벨크로테이프를 만들게 됐지요. 특허를 내고 회사를 차린 뒤 '벨크로'란 이름과 상표로 테이프를 만들어 팔기 시작했고, 그 뒤부터 지금까지 생산 방법과 재료가 많이 개량되고 품질 또한 좋아졌어요. 자동차나 군사 용품, 의료기기, 우주복과 우주선 내 벽에 많은 것을 부착시키는 데에까지 쓰이게 되면서 벨크로 사는 세계적인 기업이 되었어요. 조지 드 메스트랄처럼 사물을 자세히 관찰하다 보면 발명으로 이어지는 지름길을 찾을 수 있답니다.

퀴 씨앗이 잘 떨어지지 않는 거예요. 다른 것들은 다 떨어져 나갔는데, 엉겅퀴 씨앗만 단단하게 붙어 있지 뭐예요.

"왜 엉겅퀴 씨앗만 잘 떨어지지 않는 걸까?"

호기심이 생긴 아저씨는 이 현상을 꼼꼼하게 관찰해 보기로 했어요. 집으로 돌아오자마자 옷에 붙은 엉겅퀴 씨앗을 떼어 내 현미경으로 살펴보았답니다. 그제야 엉겅퀴 씨앗이 옷에서 잘 안 떨어진 이유를 알았어요.

'옳거니! 갈고리 모양인 엉겅퀴 씨앗이 고리 모양인 옷감에 걸려 있으니 그렇게 튼튼했었구나!'

엉겅퀴 씨앗이 옷감에 걸려 있는 모양을 보고 무엇을 떠올렸는지 아세요? 바로 지퍼였대요. 서로 톱니바퀴 맞물리듯 물려 있는 지퍼랑 비슷하다고 생각했겠지요. 이 엉겅퀴 씨앗이 고리 모양의 옷감에 걸려 있는 것이 지퍼를 대신할 정도는 아니더라도 비슷한 기능을 할 것 같았어요. 이 아이디어를 이용해 프랑스 리옹에 사는 한 섬유 직공이 제품화했고, 조지 아

저씨는 그 제품 이름을 '로킹테이프'라고 했어요. 하지만 처음에 만든 제품은 면을 재료로 썼기 때문에 몇 번 붙였다 떼면 못 쓰게 되었답니다. 그 뒤 좀 더 강하게 만들기 위해서 나일론을 사용하게 되었고, 여러 번 사용해도 망가지지 않는 튼튼한 제품을 얻을 수 있었대요.

갈고리 모양의 엉겅퀴 씨앗이 고리 모양의 옷감 조직에 걸려 잘 안 떨어지는 원리를 이용해서 찍찍이, 벨크로테이프를 발명했어요.

1950년대 중반에는 '벨크로'라는 상표로 특허까지 받았어요. 벨크로는 우리나라에서 공단이라고 부르는 '벨벳'과 갈고리라는 뜻을 가진 프랑스 어 '크로셰'를 합쳐 만든 말이랍니다. 미믹과 저는 벨크로테이프, 매직테이프라고도 부르는 이 테이프를 많이 사용해요. 히히, 우리는 '찍찍이'라고 부르는데…….

찍찍이 테이프는 갈고리 모양의 한쪽 면과 고리 모양의 다른 면을 붙여서 쉽게 붙이고, 약간 힘을 가하면 다시 떼어 낼 수도 있게 만든 거예요. 쉽게 붙였다 떼었다 할 수 있게 만든 테이프라고 생각하면 돼요. 이런 편리함 때문에 아이들 신발에서부터 시장가방, 우주복까지 다양한 용도로 쓰이고

있답니다.

조지 아저씨가 만들어 낸 찍찍이 테이프, 정말 대단하죠? 저도 아저씨처럼 생활에 도움이 될 만한 제품을 생각해 보려고 해요. 미믹이 도와줄 수 있을지는 모르겠어요. 조지 아저씨는 우연히 옷에 붙은 엉겅퀴 씨앗을 보고 열심히 관찰해서 벨크로테이프를 발명한 거잖아요. 주변을 관찰하는 능력을 키운다면 그렇게 어려운 일만도 아닐 것 같은데…….

"어휴, 누나. 그 아저씨는 사냥 나가서 토끼는 안 잡고 온통 씨앗만 붙이고 다녔나 봐!"

"미믹! 넌 아저씨에게 본받을 점은 안 보이니?"

"뭐? 사냥하다 붙은 씨앗을 잘 챙겨 온 것?"

"그래, 틀린 말은 아니다. 씨앗도 잘 가지고 오긴 해야지! 그런데 말이야, 아저씨는 왜 엉겅퀴 씨앗이 옷에 붙어서 안 떨어질까 호기심을 갖고 자세히 관찰했잖아."

"나도 새들은 하늘을 어떻게 날까, 난 왜 날 수 없을까, 호기심을 갖고 관찰한단 말이야."

하긴 그렇습니다. 미믹은 하루도 거르지 않고, '날아라~'를 외치고 다니니까요. 그래도 호기심만 갖고 있으면 뭐 합니까? 관찰도 하고, 어떻게 하면 날 수 있을지 방법도 찾아봐야 하는데 도통 귀찮은 일은 안 하려고 하니 말이에요. 정말 날고 싶다면 새들의 날개는 어떤 구조를 가지고 있는지라도 알아봐야 하는 것 아니에요? 그런데 미믹은 "새들은 날 수 있어서 좋겠다. 나도 날고 싶다."고 말만 한다니까요. 미믹이 철 좀 들게 따끔하게 혼내 주실 분 어디 안 계신가요?

위대한 과학자도 어릴 때는 엉뚱한 호기심이 많았다고.
꼬마 과학자의 호기심을 그렇게 무시하면 안 되지.
열심히 하라고 격려 좀 해 줘!

아는 만큼 커지는 생각 보따리

생각의 고리를 연결하다 보면 나도 발명가

조지 드 메스트랄 아저씨는 사냥을 하다가 옷에 붙은 엉겅퀴 씨앗이 잘 떨어지지 않는 것을 보고, '왜 잘 떨어지지 않을까?' 호기심이 생겼어요. 그래서 현미경으로 엉겅퀴 씨앗이 옷에 붙어 있는 모양을 관찰했더니 걸기 편한 갈고리 모양과 걸리기 좋은 고리 모양이 서로 만나 있지 뭐예요. 이 모양을 본 아저씨는 지퍼를 대신할 제품을 만들 수 있겠구나 생각하게 됐어요. 처음에는 면으로 만들었는데 몇 번 쓰고 못 쓰게 될 정도로 약했어요. 그래도 포기하지 않고, 다시 튼튼한 나일론으로 만들어 특허까지 내서 엄청난 돈을 벌었답니다.

보통 사람이라면 "아이~ 귀찮아!" 하고 엉겅퀴 씨앗을 떼어 내 버리고 돌아왔겠지만, 조지 아저씨는 엉겅퀴 씨앗이 잘 떨어지지 않는 이유를 알아내기 위해 노력했어요. 여기서 기억해야 할 것 하나!

조지 아저씨의 경우와 마찬가지로 많은 과학자와 발명가들이 사물이나 현상을 관찰하고 연구한 것을 살펴보면 비슷한 점을 찾을 수 있답니다. 바로 사물과 현상에 대한 끊임없는 질문과 대답을 하면서 생각의 고리를 연결시켜 나가는 것이지요.

자, 다음에 나오는 생각 고리를 한번 보세요.

엉겅퀴 씨앗이 옷에 붙었네.

자연에서 이상한 점 발견 ▼

엉겅퀴 씨앗은 왜 잘 안 떨어질까?

관찰 ▼

아, 엉겅퀴 씨앗의 갈고리 모양을 한 가시가 고리 모양의 옷감에 붙어 있구나.

응용에 대한 연구 ▼

이것을 어디에 이용할 수 있을까?

　이렇게 꼬리에 꼬리를 무는 생각이 바로 '유비추리', '유추'라고 하는 생각의 방식이랍니다. 뉴턴이 떨어지는 사과를 보고 만유인력을 생각했다는 것도 바로 이런 꼬리에 꼬리를 무는 생각 '유추'를 통한 '통합적 사고' 덕분이었어요. 여러분도 이제, 뉴턴이나 조지 드 메스트랄 아저씨처럼 어떤 현상을 보게 되면 '왜?', '어떻게?'를 한 번 더 생각해 보세요.

3
바람의 선물, 푸른곰팡이와 페니실린

자연을 담아 낸 약 이야기

"어제 꿈에서 본 아저씨는 무슨 실험을 하는 과학자였는데……."

"과학자라고?"

"그 아저씨가 뭔가를 들여다보면서 '망할 놈의 푸른곰팡이'라고 소리를 지르며 화를 냈는데……."

"푸른곰팡이라고 했어? 음……, 혹시 플레밍 아저씨였니?"

푸른곰팡이와 관련된 과학자라면 페니실린을 발견한 알렉산더 플레밍이 아닐까요? 드디어 미믹이 꿈에서나마 쓸데없는 생각에서 벗어나 과학자를 만난 걸까요?

"헤헤~ 누나도 참! 그 아저씨 이름이 뭔지 내가 어떻게 알아?"

"미믹! 그 아저씨가 꿈속에서 또 뭐라고 했어?"

"아니, 나한테 뭐라고 말을 한 건 아니고…… 그냥 '망할 놈의 푸른곰팡이'라고 하면서 뭔가를 쓰레기통에 버리던걸."

"그리고 또?"

"자꾸 투명한 접시들을 이것저것 들여다보고는 계속 버리기도 하고, 뚜껑을 덮어 놓기도 하고 그랬어."

"뭐 하는 거냐고 물어보지 그랬어?"

"물어봤지. 그랬더니 환자에게서 떼어 낸 종기나 부스럼 균을 키우고 있는데 자꾸 곰팡이 포자가 들어간다고 하시더라고. 그래서 망친 것을 버리신 거래!"

우연을 기회로 삼은 플레밍

알렉산더 플레밍(Alexander Fleming)은 1881년 스코틀랜드에서 태어나서 영국에서 미생물을 연구하던 과학자입니다. 포도상구균 배양기에서 우연히 자라난 푸른곰팡이 주위에는 균이 자랄 수 없다는 것을 확인한 뒤, 더욱 연구에 집중했어요. 그러고는 곧 푸른곰팡이에서 균을 죽이는 물질을 발견했고 페니실린이라는 이름을 붙였지요. 플레밍은 페니실린의 발견으로, 1945년에 체인, 플로리와 함께 노벨 생리의학상을 받았답니다.

정말 플레밍 아저씨가 맞는 것 같아요. 알렉산더 플레밍이 균을 배양하는 중에 푸른곰팡이가 균을 죽이는 것을 발견했거든요. 그 위대한 인물을 만나고서도 이렇게 모르다니, 정말 답답하죠? 아는 만큼 보인다는 말이 딱 맞다니까요. 지금이라도 알려 줘야겠어요.

"미믹! 그분이 바로 런던 세인트메리병원 의과대학에 계셨던 알렉산더 플레밍 교수인 것 같아."

"그래? 그 아저씨 유명해? 내가 그 아저씨 꿈을 왜 꿨지? 어젯밤에 텔레비전에 나왔었나?"

"미믹! 플레밍 교수님은 페니실린이라는 항생제를 만들 수 있게 한 푸른곰팡이의 비밀을 처음 알아낸 분이셔. 항생제 때문에 얼마나

많은 사람들이 목숨을 건질 수 있었는데……."

알렉산더 플레밍 교수님은 1881년에 태어나서 1955년에 돌아가신 분이에요. 미믹에게 플레밍 교수님에 대해 좀 더 설명을 해 주었지요. 얼마나 대단한 분인지 말입니다.

1928년 어느 날, 플레밍 교수님은 실험을 하기 위해 배양 접시를 들여다보고 있었어요. 항생물질을 발견하기 위해 환자들의 부스럼이나 종기에서 얻어 낸 균을 대량 배양하고 있는 접시였지요. 당시에는 실험 환경이 안 좋았어요. 창을 통해 바깥의 먼지며, 오염 물질들이 실험실로 날아 들어왔다고 해요. 그래서 배양 접시 뚜껑을 잘 덮어 두어야 했어요. 작은 틈이라도 있으면 여지없이 공기 중에 날아다니는 곰팡이 포자가 날아들어 배양 접시에 곰팡이 꽃이 피게 만들었으니까요. 아마 미믹이 꿈에서 본 것도 그런 상황인 것 같아요. 배양 접시가 곰팡이로 오염된 상황이요. 조금만 더 있었더라면 역사적인 사건을 목격할 수 있었을 텐데.

"미믹, 네가 본 그 곰팡이는 보통 곰팡이가 아니야. 몰랐지?"

"무슨 소리야! 아저씨가 흔한 곰팡이라고 했어. 오래된 빵이나 치즈, 잼에 가장 흔하게 피는 푸른곰팡이라고 하셨다고."

"맞아. 가장 흔한 곰팡이 종류이긴 해. 그런데 그 곰팡이가 역사상 가장 위대한 의약품 가운데 하나인 페니실린을 선물로 가져다주었거든."

검은곰팡이 포자가 성숙하면 검게 되고, 빵이나 떡에 많이 생깁니다.

누룩곰팡이 보통 쌀이나 보리에 이 곰팡이가 피게 만들어, 이것을 가지고 장을 담글 때 사용합니다.

거미줄곰팡이 불결한 곳에서 가장 흔하게 발생하는 곰팡이입니다.

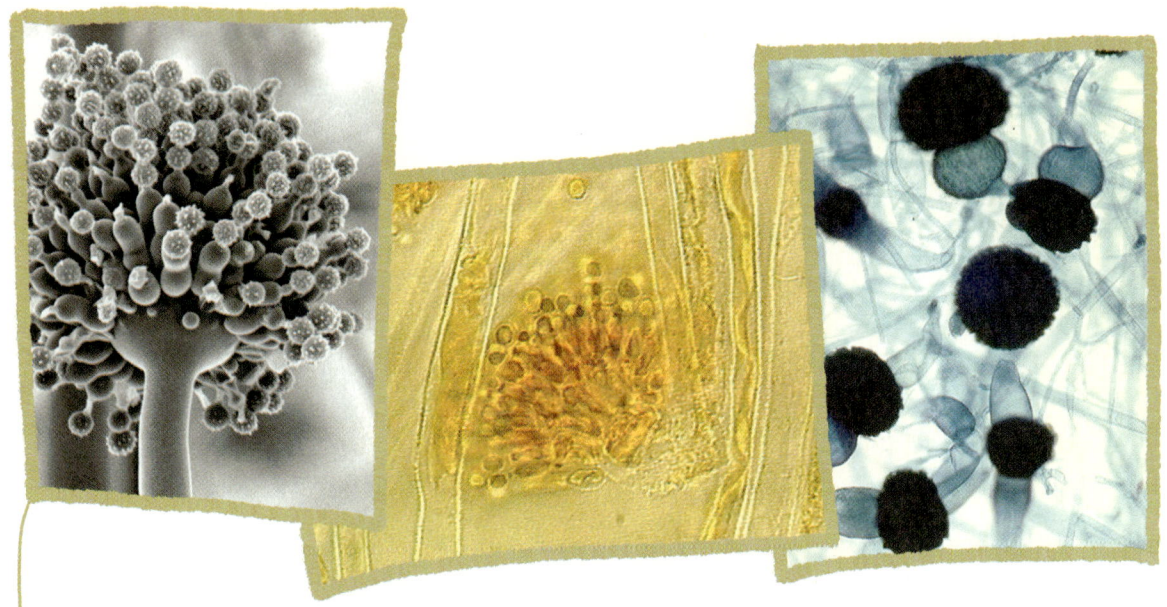

"말도 안 돼. 그 아저씨 그거 다 버렸어. '망할 놈의 푸른곰팡이'가 약이라고? 쓰레기통에 버렸는데……."

맞습니다. 그 '망할 놈의 푸른곰팡이'가 바로 위대한 발견의 시작이었죠. 페니실린은 우연의 선물 또는 바람의 선물이라고 불립니다. 우연히 바람에 날려 균 배양기에 들어간 곰팡이 포자가 푸른곰팡이를 만들어 냈으니까요.

"플레밍 교수님은 부스럼에서 채취한 균을 가지고 실험을 하고 있었어. 균을 키우기 위한 배양 접시에는 균에 양분을 공급하기 위해서

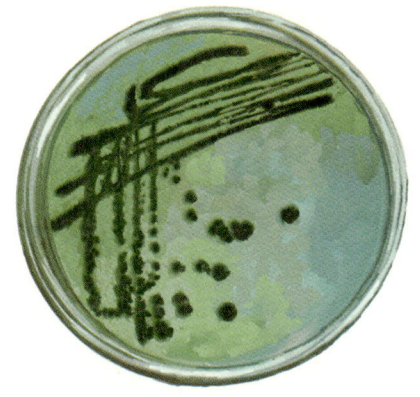 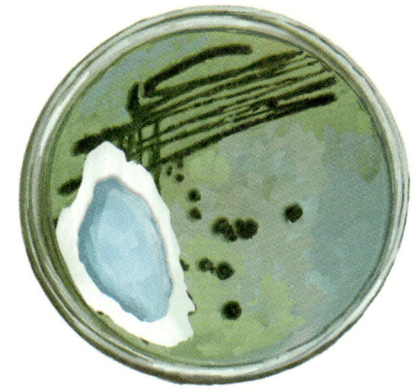

■ 균이 자라고 있는 배양 접시(왼쪽)와 푸른곰팡이가 들어가 자라면서 푸른곰팡이 주변의 균이 사라져 깨끗해진 배양 접시(오른쪽)입니다.

젤리 같은 것을 채워 놓았지. 그러던 어느 날, 한쪽에 푸른곰팡이가 피어 있는 것을 발견하신 거야."

"맞아. 망할 놈의 푸른곰팡이 하면서 버렸다니까."

"처음에는 그랬었지. 그런데 그날은 자세히 보니까 푸른곰팡이 주위가 깨끗한 거야. 원래 그곳은 균이 자라야 할 보금자리였잖아. 그런데 푸른곰팡이 주변에는 균이 얼씬 못 한 거지."

"헤헤, 균도 곰팡이 냄새가 싫었나 보네. 케케묵은 냄새가 진동했을 거 아냐?"

참 이상하죠? 균이 가득했던 배양 접시에 푸른곰팡이가 자라면서 균이 자라는 걸 막은 거잖아요. 플레밍 교수님은 이 곰팡이 속에 균의 성장을 막는 무엇인가가 있을 거라고 생각하고 연구하기 시작하셨대요. 연구 결과 이 곰팡이는 페니실륨이라는 종에 속하는데, 변종이 생긴 거였어요. 이 변종 곰팡이를 배양하기 위해서 고깃국을 끓여 식히면 생기는 젤리 위에 곰팡이를 조금 떼어 내 키우기 시작했어요. 곰팡이는 영양분이 있으면 금세 확 퍼지거든요.

그리고 곧 실험에 필요한 충분한 양을 얻을 수 있었어요. 그런 다음 이 곰팡이가 여러 가지 균에 대해 어떤 효과를 나타내는지 확인하는 실험을 했지요. 균이 든 배양 접시에 곰팡이를 조금씩 떼어 넣는 간단한 실험이었어요. 곰팡이가 핀 곳 주위에는 균이 자라지 않고 깨끗해졌어요. 이 곰팡이가 많은 종류의 균을 자라지 못하게 한다는 걸 알아냈고, 몇몇 종류의 균에는 아무런 영향을 미치지 못한다는 것도 알아냈어요.

"누나, 그 곰팡이로 손을 씻으면 손에 있는 균이 다 죽겠네?"

"아니지! 이 곰팡이에 들어 있는 어떤 성분이 그런 작용을 하는지, 아니면 곰팡이가 그런 성분을 만들어 내고 있는 것인지를 알아내는 작업이 더 필요해."

이런 효과를 내는 물질을 곰팡이에서 추출해 낼 수 있다면 균이 자라는 것을 막을 수 있겠지요. 여러 가지가 섞여 있는 혼합물인 곰팡이에서 하나의 원소 또는 화합물을 순수한 형태로 분리해 내는 작업이 필요한 거예요.

플레밍 교수님은 이 곰팡이를 젤리 형태가 아니라 액체 고기 국물

속에서 기른 다음, 국물을 걸러 내 분리했어요. 그리고 균을 배양한 접시에 그 국물 몇 방울을 떨어뜨렸지요. 그러자 곰팡이를 떨어뜨렸을 때와 똑같은 현상을 보였답니다. 결국 푸른곰팡이에 들어 있는 균의 번식을 막는 물질은 고기 국물에 녹는다는 것을 발견해 낸 거예요. 그렇게 균의 번식을 막는 액체를 얻어 낸 거죠. 이 액체를 우리는 '항생물질'이라고 부르고 있어요. 영어로는 '안티(대항하다)'와 '바이오스(생물)'를 합쳐서 '안티바이오틱'이라고 부르게 되었답니다.

"누나, 그럼 내가 그런 위대한 순간을 꿈에서 본 거야?"
"맞아! 넌 항생물질, 페니실린이 만들어지는 현장을 다녀온 거야!"
"우아, 아저씨에게 사인이라도 받을걸."
"꿈이었잖아! 어차피 깨고 나면 사인이고 뭐고 사라지는 걸 뭐!"

맞습니다. 미믹은 페니실린이 만들어지는 순간을 꿈에서 본 것입니다. 이 특별한 용액을 '페니실린 용액'이라 이름 붙인 것은, 그 용액을 만든 물질이 곰팡이에서 얻은 페니실륨이라는 물질이었기 때문이에요. 페니실린 이후로는 식물에서 얻어지는 약에 '-인(-in)'으로 끝나는 이름을 붙이는 것이 관례가 되었답니다.

그 뒤 플레밍 교수님은 페니실린 용액을 사용해서 많은 실험을 했어요. 인간의 혈액 속에 주사해도 위험하지 않다는 것을 발견하고는 연구를 더욱 활발히 했다고 해요. 플레밍 교수님은 이 곰팡이를 산 채로 보관했다가 필요할 때마다 필요한 만큼만 조금씩 번식시켜서 사용했답니다. 교수님에게 내려진 다음 숙제는, 고기 국물에서 순수한 페니실린만을 분리해 내는 일이었어요. 하지만 플레밍 교수님은 이 과정을 성공시키지 못하고 다음 세대 과학자들 몫으로 남겼답니다.

"누나! 그렇다면 플레밍 아저씨가 대단한 건 아니잖아. 어차피 바람에 실려 온 푸른곰팡이 포자가 거기서 자란 것뿐이니까."

"원래 목적은 균을 배양하는 거였어. 그곳에 푸른곰팡이가 피어서

또 다른 자연의 선물, 아스피린

버드나무 껍질이 열을 내리고 통증과 염증을 줄이는 데 효능이 있다는 것은, 히포크라테스는 물론 그 이전인 기원전 1550년에 만들어진 파피루스에도 기록이 남아 있을 정도로 널리 알려진 사실이었어요. 그러나 1830년대에 들어서서야 그 효과가 버드나무 껍질에 들어 있는 '살리신'이라는 성분 때문이라는 것이 알려졌고, 1859년에는 살리실산을 대량으로 생산하는 방법이 알려졌지요. 처음에 이 약은 구역질이 날 정도로 맛이 이상해서 먹기 어려웠답니다. 그러던 중 호프만이라는 과학자가 이 약을 먹느라고 고생하는 아버지를 보고 살리실산과 아세트산을 섞어서 맛을 좋게 만들었어요. 이것이 바로 아세트산의 'a'와 버드나무의 학명인 salix의 's'를 합쳐 이름을 붙인 '아스피린(aspirin)'이에요. 당시 호프만은 유명한 제약 회사인 바이엘에서 화학자로 일하고 있었는데, 바이엘 아스피린은 먹기 좋고 안전한 약으로 전 세계 모든 가정의 상비약이 될 정도로 인기가 높았답니다. 지금도 열이 나거나 통증이 있을 때 널리 쓰이고 있는 약 가운데 하나지요.

균만 배양하는 데 실패한 거지. 불순물이 들어간 거니까. 그래서 배양 접시를 모두 버린 거야. 플레밍 교수님이 아니었으면 어땠을까?"

미믹이었다면 아마 접시를 계속 버리기만 했을 거예요. '왜 그곳에서 푸른곰팡이가 자라게 됐을까? 푸른곰팡이는 어떻게 자라는 걸까?' 잘못된 실험이라도 곰곰이 살필 수 있는 플레밍 교수님이었기 때문에 곰팡이가 핀 곳 둘레에 균이 없는 공간을 발견할 수 있었던 겁니다.

과학의 발전은 100만분의 1이 될까 말까 한 아주 작은 확률을 성공시켜서 이룩해 낸 것들이에요. 이 어려운 기회를 포착해 냈기 때문에, 페니실린은 수십만 명의 귀한 생명을 구할 수 있게 된 거고요. 여러분이라면 어땠을까요? 준비가 안 된 사람들이 이런 기회가 온다고 잡을 수 있을까요?

누나, 난 과학자가 될 자격이 충분하지? 새처럼 날기 위해서 많이 노력하잖아. 안 그래?

휴, 그게 노력이야? 버둥대기만 하면서…….

쯧쯧! 미믹, 장난 좀 그만 해. 노력을 해야 기회를 잡을 수 있지!

아는 만큼 커지는 생각 보따리

기회는 준비된 자에게만 찾아와요!

과학자가 이룩한 위대한 업적 가운데 상당수가 우연히 발견한 것들이라고 알려져 있지요? 찍찍이, 벨크로테이프를 발견한 조지 드 메스트랄도 사냥하다가 엉겅퀴 씨앗이 붙은 것을 우연히 발견한 것이고, 페니실린도 우연히 배양 접시에 들어간 푸른곰팡이가 남긴 선물이라고요.

또 있습니다. 나일론을 발명한 캐러더스도 우연히 찾아온 행운을 잡은 사람이에요. 동료와 실험에 실패한 비커를 씻으려다가 끈끈한 물질이 남아 있는 걸 발견했어요. 이 끈끈한 덩어리에 유리막대를 집어넣었다 빼 보니 가느다란 실이 달려 나왔지요. 쉽게 끊어지지 않을 정도로 강한 실이었답니다. 캐러더스와 동료들은 누가 더 긴 실을 만들 수 있는지 내기까지 했었다고 해요. 이렇게 실패한 실험의 결과물을 가지고 동료와 장난처럼 내기를 하다가 발견한 것이 바로 우연의 선물, 나일론이었어요.

실패와 우연이 가져온 과학의 발견과 발명은 의외로 많아요. 뢴트겐이 X선을 발견할 때도 그랬고, 전자기 유도 법칙을 발견한 마이클 패러데이도 우연히 전기화학자 험프리 데이비의 실험 조교가 되지 않았다면 평생 책 만드는 기술자로 살았을지도 몰라요. '만유인력의 법칙'도 사과가 떨어지는 것을 우연히 본 뉴턴의 생각에서부터 시작되었으니, 이 '우연'이 얼마나 많은 과학사를 완성했는지 모른답니다.

그렇다고 감나무 밑에 누워서 감이 익어 홍시가 되어 떨어질 때만 기다리며 입을 벌리고 있어야 할까요? 아니에요. 우연히 다가오는 기회를 잡아 자신의 것으로 만들려면 사과가 나무에서 떨어지는 아무 의미 없어 보이는 현상도 끈질기게 물고 늘어지는 호기심과 통찰력이 필요해요.

늘 모든 자연현상을 대할 때 '새는 어떻게 날까?', '왜 단풍이 들까?', '왜 태양은 동쪽에서 떠서 서쪽으로 질까?' 같은 호기심을 갖고, 그 호기심을 풀어낼 수 있는 관찰하는 힘, 통찰력을 키워야만 하지요. 우연히 찾아온 기회를 노력을 통해 자신의 것으로 만들어 낼 수 있는 힘을 길러야 한다는 말이에요. 파스퇴르의 말처럼 '기회는 준비된 자에게만 찾아오는 것'이거든요.

준비된 자만이 우연을 기회로 돌릴 수 있어요!

캐러더스
뉴턴
파스퇴르
아인슈타인
뢴트겐

거친 파도에도 끄떡없는 홍합 이야기

"꺄-악! 잘못했어요, 살려 주세요, 다시는 안 그럴게요! 엉엉."

곤히 잠들어 있던 미믹이 갑자기 소리를 지르며 울었습니다. 깜짝 놀라서 미믹을 흔들어 깨웠더니 눈물이 그렁그렁한 채로 일어났어요.

"미믹, 미믹! 너 왜 그래? 나쁜 꿈이라도 꿨니?"

"휴, 꿈이었구나. 다행이다!"

도대체 무슨 꿈이기에 장난꾸러기 미믹을 울렸을까요?

"누나! 꿈에 홍합한테 잡혀서 꼼짝없이 죽는 줄 알았어."

아, 이제야 무슨 영문인지 알 것 같습니다. 낮에 있었던 일 때문에 그런 꿈을 꾼 모양이에요. 바닷가에서 재미있는 아저씨를 만났거든요.

오랜만에 부모님과 함께 여행을 다녀왔어요. 바닷가에서 놀다가 바위에 붙어 있는 홍합을 보았지요. 장난꾸러기 미믹이 그냥 지나칠 리가 있겠어요? 미믹은 홍합을 떼어 내 집에 가져가서 키우겠다고 큰 소리쳤습니다. 하지만 미믹은 삼십 분이 지나도록 한 마리도 떼어 내지 못했어요. 하마터면 손가락만 다칠 뻔했지요. 별로 크지도 않은 홍합이 마음대로 되지 않자, 심술이 난 미믹은 홍합을 이리저리 찌르고 두드리며 무척 괴롭혔습니다.

"꼬마 친구! 홍합이 얼마나 대단한지 모르는 모양이구나?"

옆에서 지켜보고 있던 한 아저씨가 미믹에게 말을 건넸지요. 아저씨는 홍합을 연구하는 박사님이라고 하셨어요.

"아저씨, 홍합에 대해서 뭘 연구하세요? 어떻게 요리하면 맛있나, 뭐 그런 거 연구하세요?"

이런, 미믹이 실례를 했네요. 저도 너무 신기해서 미믹과 함께 아저씨 이야기에 귀를 기울였어요. 하긴 저도 홍합은 먹을거리로만 생

각했거든요. 엄마가 끓여 주는 홍합탕을 아빠랑 맛있게 먹던 기억이 떠올랐어요.

아저씨는 요리 연구를 하는 게 아니라 홍합이 가지고 있는 특별한 것들을 연구하고 계셨어요.

"애들아, 잘 들어 보렴. 방금 꼬마 친구가 홍합을 떼어 내려고 했지만 한 마리도 못 떼어 냈지? 심지어는 옆으로 조금 옮기지도 못했을 거야. 사실 홍합은 달라붙는 힘이 제일 센 생물이라고 해도 될 정도란다. 홍합은 바위에 붙어서 살아야 하는데 그렇게 쉽게 떨어져서야 되겠니? 생각해 봐, 바닷가에 있으면 파도도 치고 바람도 불잖니. 그러니까 홍합은 그 모든 걸 다 이겨 낼 수 있을 만큼 강한 힘으로 바위에 딱! 달라붙어 있는 거란다."

"우아, 정말 파도가 쳐도 안 떨어져요? 어떻게 그럴 수가 있어요?"

미믹이 믿을 수 없다는 듯 묻자, 아저씨는 좀 더 쉽게 설명해 주셨어요.

"여기를 잘 보렴. 이게 홍합 다리라고 할 수 있는 부분이란다. 홍합 다리에는 구조가 다른 두 종류가 있어. 하나는 어딘가에 달라붙을 수 있는 빳빳한 밧줄 같은 구조로 되어 있고, 나머지 하나는 충격을 흡수할 수 있는 구조로 되어 있지. 만약 다리가 빳빳한 밧줄 구조로만 되어 있다면 크고 작은 물살에 떨어져 버리고 말 거야. 그리고 특이한 건 홍합에는 '다리에 있는 실'이란 뜻을 가진 '족사'가 있다는 거야.

지름이 2mm 정도 되는 실 모양으로 생겼는데, 단백질을 만드는 성분과 같은 물질로 만들어져 있단다. 바로 이 물질 덕분에 홍합이 강한 접착력을 갖게 되는 거야."

"정말 실처럼 생겼어요!"

저랑 미믹은 홍합을 들여다보면서 합창하듯 말했어요. 아저씨는 우리가 신기해하자 좀 더 많은 이야기를 해 주셨답니다.

"그렇지? 그런데 이 가느다란 족사가 얼마나 강한지 알게 되면 깜짝 놀랄걸. 홍합 한 마리가 가진 족사를 이용하면 무려 125kg이나 되는 물체를 들어 올릴 수 있단다. 그러니까 너희 같은 어린이 몇 명쯤은 거뜬히 들 수 있다는 얘기야."

"정말요?"

우리는 놀라서 입을 다물 수가 없었습니다. 미믹은 말도 안 된다는 듯 소리쳤어요.

"아저씨 박사님, 거짓말하지 마세요!"

"하하하, 그 녀석 참. 정말이라니까."

아저씨는 계속해서 재미있는 이야기를 들려주셨어요.

족사

접착단백질

보기에는 실처럼 가느다랄지만 홍합 한 마리에서 얻을 수 있는 족사를 모두 합치면 125kg은 거뜬히 들어 올릴 수 있답니다.

"게다가 더욱 놀라운 점은 물속에서도 강한 접착력이 유지된다는 거란다. 그러니까 웬만큼 거센 파도에는 끄떡없다는 거지! 얘들아, 홍합처럼 강력한 접착제가 있다면 좋지 않겠니?"

그 말을 들은 미믹이 의기양양하게 말했습니다.

"홍합을 많이 잡아서 접착제로 쓰면 되잖아요!"

"그럴 수만 있다면 얼마나 좋겠니? 하지만 홍합을 1만 마리는 잡아야 겨우 접착제 1g을 얻을 수 있단다. 돈으로 계산하면 접착제 1g을 얻는 데에 무려 9천만 원 정도가 들지. 그래서 이 아저씨가 연구를 시작하게 된 거야. 그렇게 많은 홍합을 잡지 않고도 어떻게 하면 홍합을 따라 할 수 있을까!"

"헤헤~ 박사님도 제 동생 미믹처럼 흉내쟁이시네요."

제 말에 아저씨랑 미믹이 큰 소리로 웃었어요. 엄마랑 아빠도 재미있다는 듯 따라 웃으셨고요.

"하하! 네 말이 맞다, 아저씨는 흉내쟁이란다. 홍합 흉내쟁이인 셈이네."

"그래서 성공하셨어요? 아저씨, 다른 접착제도 많잖아요. 그런데 꼭 '홍합 접착제'를 써야 하는 이유가 있나요?"

이야기를 들으며 골똘히 생각하다 보니 이런 저런 궁금증이 마구 솟았어요. 저는 궁금한 것을 못 참는 성격이거든요. 아저씨에게 물어보았지요. 그런데 너무 여러 가지 질문을 한꺼번에 했나 봐요.

"원, 녀석. 하나씩 천천히 물어봐야지. 아저씨 숨넘어가겠다. 첫 번째 질문이 뭐였더라……. 그래 성공했냐고? 물론 성공했단다. 몇 년 동안 열심히 홍합 흉내 내기를 한 덕분에 이제는 '홍합 단백질 접착제'를 한꺼번에 많이 만들 수 있게 되었지. 자, 그럼 이렇게 만든 홍합 접착제를 어디에 쓰면 좋을까? 바로 외과 수술에 쓸 수 있단다. 수술할 때 실로 꿰매는 대신에 접착제를 쓴다면 나중에 실밥을 뽑지 않아도 되거든. 그 전에도 찢어진 피부를 붙일 때 다른 접착제를 사용하긴 했어. 하지만 그런 접착제는 사람 몸 안에 들어가면 염증을 일으키기 때문에 몸 안에는 사용할 수 없었지. 홍합 접착제는 물속에서도 강한 접착력을 가질 뿐만 아니라 면역 거부 반응도 일으키지 않으니까 수술용으로 안성맞춤이란다. 이제 두 번째 질문에 대한 답이 되었지?"

"이런 조그만 홍합이 그

렇게 큰일을 하다니…… 존경스럽다, 홍합아!"

미믹이 갑자기 홍합에게 경례를 하며 호들갑을 떨었습니다. 정말 엉뚱하죠?

"그러니까 앞으로는 홍합을 그렇게 괴롭히면 안 돼, 알겠니?"

박사님 말씀에 미믹 얼굴이 빨갛게 물들었습니다. 멀뚱하게 보고만 있는 미믹 대신 제가 대답했지요.

"다시는 그러지 못하도록 제가 감시할게요. 재미있는 이야기 들려주셔서 감사합니다!"

홍합 접착제, 어디에 쓸까요?

1980년대에 처음으로 홍합의 놀라운 접착력에 대한 연구 결과가 알려지기 시작했어요. 이때부터 홍합에서 단백질을 뽑아 접착제로 이용하려는 연구가 활발해졌답니다. 홍합 접착제는 합성 접착제보다도 강력할 뿐만 아니라, 인체에서 면역 거부 반응이 없는 것으로 알려졌지요. 곧 의료용으로 인체에 이용할 수 있게 되었어요. 그 밖에도 세포용 접착제, 의료용 접착제 및 실란트(sealant, 이음새를 메우는 물질), 의료용 상처 회복제, 치과용 접착제 및 실란트(충치를 예방하기 위해 치아에 덧씌우는 물질) 등으로도 사용될 수 있다고 해요. 또 홍합의 섬유 조직은 사람의 것보다 다섯 배나 질기고 열여섯 배나 잘 늘어나기 때문에, 과학자들은 홍합을 이용해서 더욱 강하고 잘 늘어나는 인공 피부를 만들기 위해 연구 중이라고 합니다.

"아저씨! 전화번호 좀 알려 주세요. 제가 홍합 많이 따서 아저씨 가져다 드릴게요."

"하하하. 녀석도 참!"

우리 미믹은 끝까지 박사님을 웃기고야 말았답니다.

낮에 이렇게 홍합과 씨름을 한 탓인지 미믹은 초저녁부터 잠이 들었어요. 홍합을 괴롭힌 게 마음에 걸린 모양입니다. 하긴 홍합 한 마리면 125kg을 들어 올릴 수 있다니까 미믹이 그런 꿈을 꾼 것도 이해가 가네요.

"미믹, 이 장난꾸러기야! 그러니까 동물 좀 그만 괴롭혀. 오죽하면 꿈속에 홍합이 나타났겠어?"

미믹은 할 말이 없는지 머리만 긁적입니다. 그래도 귀엽다니까요. 훗훗!

제발, 홍합님! 안 돼- 요-. 엉엉-

야!!!!!소

홍합에게 잡아먹히지 않으려면 자연을 좀 아껴야지! 자연은 모든 과학자들에게 소중한 실험실이라구……

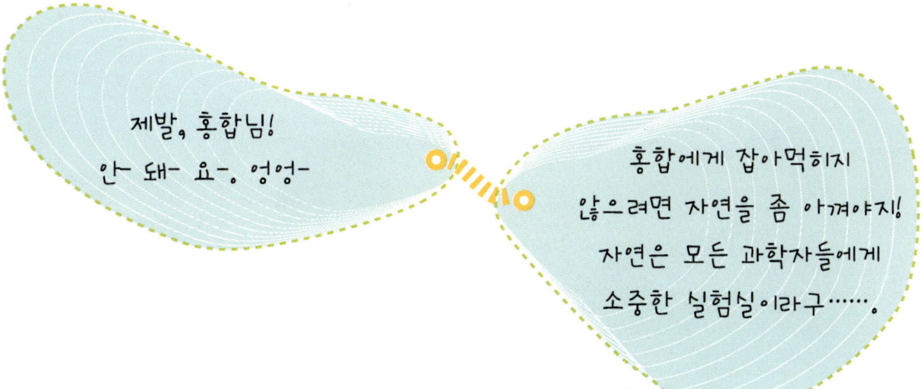

아는 만큼 커지는 생각 보따리

소중한 생활의 터전, 자연

우리 주변에는 무엇이 있을까요? 집이 있고, 집 밖으로 나가면 도로가 있고, 산과 강이 있고, 더 멀리 보면 하늘과 바다가 있어요. 또 무엇이 있을까요? 어디를 가든 우리를 둘러싸고 있는 공기가 있지요. 우리는 공기가 눈에 보이지 않는다고 늘 무시한 채 지나쳐 버리기 일쑤입니다. 하지만 공기 또한 소중한 우리 친구예요. 우리를 둘러싼 이 모든 것들이 자연이지요.

모처럼 가족과 함께 산이나 공원에 나가 보세요. 도시락을 싸 가지고 가도 좋겠지요. 공원이나 산, 강, 바다에 가서 놀기만 해서는 안 돼요. 자연의 따뜻함을 직접 느끼기 위해 나가자는 거니까요. 이름은 잘 모르지만 동식물도 관찰하고, 그 동식물이 살고 있는 환경에 대해서도 관찰해 보는 거예요. 재미있는 동식물을 만나면 도감이나 과학책, 인터넷을 이용해서 이름을 찾

아보고, 특징도 찾아보는 거지요. 이렇게 조금씩 스스로 알아 가면서 자연을 접하면 좀 더 자연과 친해질 수 있어요.

　자연은 우리 삶과 직접적인 관련이 있답니다. 사람도 자연 속에서 살아가고 있는 자연의 한 부분이니까요. 그런데도 자연의 소중함을 늘 잊어버리지요. 우리를 둘러싸고 있는 공기의 고마움을 잊어버리는 것처럼 말입니다.

　가족과 친구들과 함께 주변을 유심히 둘러보세요. 그리고 이름 모를 풀과 나무들이 우리에게 주는 이로운 점을 생각해 보세요. 그러다 보면 우리가 왜 자연을 보호해야 하는지, 환경오염을 줄이려면 어떤 노력을 해야 하는지 자연스레 알게 될 테니까요.

　그리고 자연을 소중하게 생각하다 보면 홍합 접착제처럼 생활에 이로운 커다란 발명을 하게 될 작은 꼬리를 잡을 수 있을지도 몰라요.

　자, 그럼 지금부터 우리가 생활하는 공간, 자연을 찾아 떠나 볼까요?

빨간색으로 변하는 흰색 립스틱 이야기

우리 가족은 올해도 어김없이 미믹 때문에 이곳에 왔습니다. 이곳 전라남도 함평에는 해마다 '세계 나비·곤충 엑스포'가 열리거든요. 참! 제가 이 이야기는 안 한 것 같은데, 미믹이 나비만 보면 진지해진다는 거요. 미믹은 나비에 대해서만은 누구도 따라올 수 없을 정도의 지식을 가지고 있어요. 기특하죠? 미믹에게도 이런 면이 있답니다. 이곳에 와서도 슈퍼맨을 외치며 뛰어다니고 있지만 말이에요. 미믹은 나비가 날아오를 때마다 소리를 지르고, 예쁜 모습에 반해 버려서 이리저리 쫓아다니곤 하지요. 그래도 우리 가족은 미믹의 그런 모습이 너무 대견하기만 합니다. 일 년에 단 한 번 보여 주는 진지한 모습이니까요.

"미믹! 이것 좀 보렴. 나비와 관련된 거라 너 보여 주려고 가져왔는데……."

엄마는 립스틱처럼 생긴 것을 미믹에게 건네주셨어요. 그런데 좀 이상합니다. 분명히 겉모양은 립스틱인데 색깔이 하얘요. 미믹이 힐끗 쳐다보더니 나비랑 별 상관없다 싶은지 또 "호랑나비다!"를 외치면서 뛰어가 버렸습니다. 그런데 전 그 물건이 너무 궁금해졌어요.

"엄마! 이게 뭐예요? 크레파스도 아니고, 생긴 건 립스틱 같은데…… 설마 흰색 립스틱은 아니죠?"

"너희, 나비 날개의 빛깔이 햇빛에 반사되어 우리가 보는 각도에 따라서 화려하게 변하는 것 봤지? 그걸 이용한 거라는구나. 이걸 보렴."

엄마는 조그만 책을 하나 주셨어요. 거기에는 흰색 립스틱에 대한 신기한 이야기가 들어 있었어요.

아무래도 이 이야기를 미믹

하얀색 립스틱을 본 적 있나요? 보기에는 하얗지만 바르면 예쁜 색이 나타나는 마술 같은 립스틱이랍니다.

에게 해 주어야겠다는 생각이 들었지요. 미믹이 귀를 쫑긋 세우고 재미있어 할 이야기거든요.

"미믹, 이것 좀 봐. 나비를 본떠 만든 립스틱이야!"

"오잉? 말도 안 돼. 나비는 저렇게 예쁘고 화려한 색깔을 가졌는데, 그건 흰색이잖아. 게다가 흰색 립스틱이 어디 팔리겠어? 세상에 입술에 흰색을 바르는 사람도 있나?"

"그러게 말이야. 정말 신기해. 그런데 엄마가 주신 이 책에는 이렇게 쓰여 있어. '나비의 구조색을 본떠 만든 립스틱'이라고······."

말을 다 마치기도 전에 미믹이 제 손에 있던 책을 휙 낚아챘습니다. 글쎄 저 녀석이 나비 이야기만 나오면 저렇다니까요.

"으아~ 정말이네! '컬러 없는 컬러, 차세대 립스틱. 흰색으로 보이지만 바르면 분자 구조의 차이로 다양한 색을 낼 수 있다.' 누나, 이게 무슨 말이야? 어렵다."

글쎄요. 흰색 립스틱을 입술에 바르는데 어떻게 다양한 색깔을 낸다는 건지 저도 잘 모르겠습니다. 립스틱을 주신 엄마는 뭘 좀 알고 계시지 않을까요? 미믹과 저는 엄마만 물끄러미 쳐다보았답니다.

"얘들아, 너희가 책에서 본 것처럼 이 립스틱은 나비의 구조색을 본떠서 만든 거야. 책을 보면서 설명해 줄게."

엄마는 차근차근 한 쪽씩 설명해 주셨어요.

"미믹, 나비 날개가 왜 저렇게 다양한 색을 띠는지 아니? 어떤 때는 파란 나비 같다가, 어떤 때는 검정색으로도 보이잖아."

"엄마도 참! 제비나비, 녹색부전나비가 그렇게 보이는데 비늘 가루가 거울처럼 빛을 굴절시켜서 그런 거잖아요."

나비 날개 속에 숨은 아름다운 색채의 비밀!

어떤 나비 날개는 퍼덕거릴 때 파란색, 빨간색 등으로 보이다가 접으면 곧 까만색으로 바뀝니다. 화려한 색을 자랑하는 나비지만 실제로 만져 보면 아무런 색도 묻어나지 않아요. 색소가 아닌 특이한 분자 구조 때문에 빛을 내기 때문입니다. 전자 현미경으로 들여다보면 기와를 층층이 쌓아 놓은 구조예요. 대부분의 빛을 흡수하면서 특정한 파장의 빛을 반사해서 색을 나타냅니다. 얼마나 많은 층으로 이루어졌는지에 따라 다른 색을 나타내지요. 보석 가운데 형형색색의 무지갯빛을 띠는 오팔도 갈면 흰색 가루만 남아요. 오팔의 무지갯빛 역시 색소 때문이 아니라 구조 차이에서 나타나는 색조 현상이에요. 이런 분자 구조를 본떠 만든 것이 바로 '컬러 없는 컬러' 흰색 립스틱입니다. 이러한 특징을 이용해 눈빛을 강조할 때 쓰는 아이섀도도 만들고 자동차, 섬유, 페인트 등에도 활용하기 위해 연구가 활발히 이루어지고 있답니다.

우아! 여러분 놀라셨죠? 미믹이 이렇게 똑똑한 소리를 다 하다니 말이에요. 미믹은 나비에 관해서라면 박사라니까요.

"그래, 미믹! 날개의 비늘 가루가 가진 물리적 성질 때문이야. 비늘 가루를 현미경으로 보면 세로로 길게 솟아 있는 융기선이 있거든. 그 구조에 빛이 굴절하면서 보는 각도에 따라 여러 가지 색을 띠는 거야. 그걸 구조색이라고 해."

"맞다. 파란 형광 빛을 내는 몰포나비의 비밀도 광 구조 때문이라고 했어요. 광 구조라는 게 엄마가 말한 것처럼 빛을 반사하는 구조를 말하는 거죠?"

나비 날개를 확대해 보면 기와가 겹쳐진 모양을 하고 있어요. 그곳에 빛이 부딪혀 굴절하면서 보는 각도에 따라 여러 가지 색으로 보인답니다.

나비 박사 석주명(1908년~1950년)

석주명 선생님은 세계적으로 유명한 나비 학자예요. 75만 마리가 넘는 나비를 채집해서 표본으로 만들었고, 250여 종의 나비가 우리나라에 산다는 것을 밝혀냈지요. 나비에 대한 연구논문도 100여 편이나 썼답니다. 특히 전국 각지를 돌아다니며 배추흰나비 16만 마리의 날개 길이를 재서 변이곡선이론을 완성한 〈배추흰나비의 변이곡선〉은 생물의 분류학이나 측정학에 있어서 뛰어난 업적으로 알려져 있어요.

"미믹이 정말 많이 알고 있네. 몰포나비는 실제로 검은색이잖아. 그런데 파란색 파장을 반사하는 구조이기 때문에 색소 분자가 전혀 없는데도 파란 형광 빛을 내는 거야."

책에도 '색소 없이 내는 색을 구조색이라 한다.'고 되어 있어요. 나비에 관해서만은 제가 미믹을 못 따라가겠네요. 이럴 땐 미믹이 참 똑똑해 보인단 말이에요, 히힛-.

"엄마, 그럼 구조색 원리를 이용한 발명품이 또 있어요? 립스틱에만 활용하기에는 너무 아깝잖아요. 뭔가 더 있을 것도 같은데, 옷이라든지……."

"엄마도 이 립스틱을 선물 받고 너무 궁금해서 좀 더 찾아봤단다. 그랬더니 이런 원리를 이용해서 눈 위에 바르는 아이섀도도 개발하고 있고, 자동차나 섬유 회사에서도 연구를 하고 있더구나."

자동차에 이 원리를 응용하면 보는 각도에 따라 반사되는 빛의 색깔이 달라지면서 카멜레온 같아 보이겠지요? 또 합성 섬유에 나비의 구조색을 적용시켜서 옷을 만들면 움직일 때마다 색깔이 바뀌는 멋진 옷이 되겠고요.

"엄마, 전 구조색이나 뭐 그런 거에는 관심이 없어요. 그냥 나비가 좋을 뿐이라고요! 난 석주명 박사님처럼 나비 박사가 될 거예요!"

미믹은 우리 기대를 저버리지 않고 벌써 "슈퍼맨~" 하면서 뛰어가 버렸습니다. 그래도 미믹이 나비에 대해 알고 있는 지식은 정말 대단합니다. 나비 이름은 줄줄 꿰고 있거든요.

"미믹, 부전나비 보러 간다면서! 이쪽으로 가야지, 응?"

어이구, 엄마가 아무리 소리쳐 불러도 미믹은 들은 체 만 체 반대쪽으로 사라져 버렸습니다. 미믹을 또 어디서 찾아야 할까요? 슈퍼맨

누나, 빨리 와 봐! 나비가 똥을 먹고 있어.

나비가 꿀을 먹어야지 왜 똥을 먹어? 거짓말 마!

나비는 염분과 수분을 얻기 위해 똥에 대롱을 꽂고 열심히 빨아 먹는답니다.

우리 집은 과학 실험실

　어떤 공부를 하든지 듣는 것보다는 직접 보는 것이 좋고, 보기만 하는 것보다는 직접 만져 보고 체험하는 것이 효과적이지요. 그래서 몇 해 전부터 체험 학습의 중요성이 강조되고 있어요. 체험 활동은 꼭 박물관, 과학관, 식물원 같은 곳에 가야만 할 수 있는 것은 아니에요. 산과 강, 바닷가 같은 곳도 체험 활동을 할 수 있는 장소지요. 학교에서 배운 과학 지식을 눈과 귀로 보고 듣고, 손으로 만지고, 코로 냄새를 맡으며 느껴 보는 것은 지식을 깊게 만들면서 감성을 키워 주는 효과가 크답니다. 과학사에 위대한 업적을 남긴 대부분의 과학자들이 자연 속에서 어린 시절을 보낸 것만 보아도 체험 학습의 중요성을 알 수 있겠네요.

　집 안 전체를 과학 체험 학습장으로 활용해 보면 어떨까요? 멋진 화분에 씨를 뿌리고 물을 주면서 쌍떡잎, 혹은 외떡잎식물의 싹이 나는 과정을 관찰해 보세요. 시간이 지나면 꽃이 피는 과정도 경험해 볼 수 있을 거예요. 또 식충 식물이 어떻게 곤충을 잡아먹는지도 살펴볼 수 있고요.

　부엌 또한 훌륭한 과학 실험실이랍니다. 보통 고기를 구워 먹기 전에 생강즙을 뿌려 놓는데 이 생강즙이 어떻게 고기를 연하게 만드는 작용을 하는지, 생선회를 먹을 때 레몬즙을 뿌려 먹는 이유는 무엇인지, 가루로 된 차를 물에 빨리 녹일 수 있는 방법은 무엇인지를 찾아보는 것도 생활 속에서 과학을 직접 체험하며 공부하는 방법이에요.

우리 주변에는 곳곳에 과학 체험 학습장이 너무나 많아요. 과학 축제나 전시회에 가 보는 것도 물론 좋지만, 일상생활에서 가족과 함께 느끼고 보는 과학은 쉽고 흥미롭게 과학 이야기를 풀어 갈 수 있는 방법이라는 것, 기억해 두세요.

생강은 어떻게 고기를 연하게 할까?

왜 생선회에 레몬즙을 뿌려 먹을까?

6
잠자리를 닮은 초소형 비행체

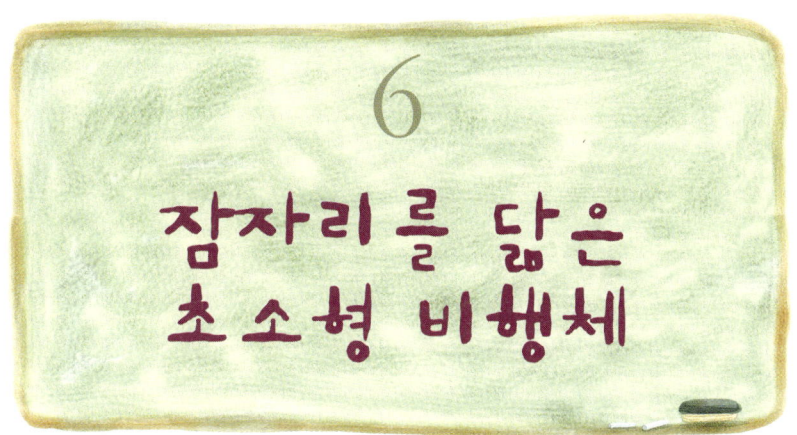

미믹! 장난 그만 치고 김밥이랑 샌드위치 먹자.

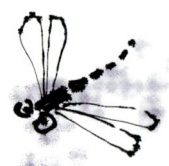

미션! 비행의 달인, 곤충을 닮아라

　　미믹은 언제쯤이면 과학자처럼 보일까요? 저렇게 장난만치는 녀석이 과학자가 된다고 생각하면 저도 모르게 그만 웃음이 나온답니다.

　　오늘은 오랜만에 가족끼리 교외로 나들이 나왔는데, 저 녀석은 여전히 장난만 치고 다닙니다. 여기가 어디냐고요? 관곡지라고 들어 보셨어요? 우리나라에 연꽃을 처음 들여온 **강희맹**이란 분이 살았던 집이 있고, 그 집 마당에 있는 연못 이름이 관곡지예요. 지금은 시흥시에서 관곡지 주변에 있는 논에 연꽃을 심어 아주 넓은 연꽃 재배단지를 만들어서 관리하고 있어요. 연꽃 축제도 하고요. 연꽃은 늦봄부터 여름까지가 절정인데, 7월쯤이 가장 보기 좋은 것 같아요. 지는 꽃, 피는 꽃 모두 다 볼 수 있으니까요. 지는 꽃도 예쁘더라고요. 우리 가족도 연꽃을 보러 왔답니다.

"미믹! 너 자꾸 장난칠래? 우리끼리 김밥이랑 유부초밥이랑 샌드위치 다 먹어 버릴 거야!"

"응, 누나 먼저 먹어. 유부초밥만 남겨 놓으셔~."

"허허. 역시 우리 미믹은 넉살 하나는 좋구나!"

아빠는 그저 귀엽기만 하신 모양이에요. 미믹이 무슨 장난을 쳐도 허허 웃으시곤 해요.

이곳은 연꽃이 재배되고 있는 관곡지예요. 우리나라에 연꽃을 처음 들여온 강희맹 선생님이 살았던 집이 있고, 그 집의 마당에 있던 연못 이름이 관곡지입니다. 지금은 멀리 보이는 논들까지 연꽃을 심어서 아주 넓은 연꽃 재배단지를 형성하고 있어요.

우리나라 최초의 농학자, 강희맹(1424년~1483년)

조선시대의 문신인 강희맹 선생님은 화가 강희안의 동생으로도 유명합니다. 1441년 생원진사시에 합격하고, 1447년 별시문과에 장원급제했어요. 많은 공을 세워서 높은 관직을 두루 거쳤고, 〈국조오례〉, 〈경국대전〉, 〈세조실록〉 편찬에도 참여했답니다. 강희맹 선생님은 문신이었지만, 조선 전기에 활동했던 우리나라 최초의 농학자라고 불려요. 중국에 사신으로 다녀오는 길에 연꽃 씨를 구해 돌아와서는 집 안 연못(관곡지)에서 길렀어요. 그러다 한곳에서만 기르다가 한꺼번에 죽어 버릴 것을 염려해 아들과 사위에게 씨앗을 나눠 주어 연꽃을 기르게 했지요. 그 뒤부터 우리나라에서도 연꽃을 볼 수 있게 되었답니다.

"누나, 엎드리라니까! 적군이 초소형 비행체를 몰래 보내서 염탐하고 있단 말이야. 어서 숨어!"

"또 시작이야? 대체 어디에 초소형 비행체가 있다는 거니?"

"저기 봐, 저기. 맞지?"

엥? 미믹, 이 녀석! 대체 왜 잠자리를 보고 저 난리를 치는 걸까요? 좀 이상하죠? 그런데 아빠가 빙그레 웃으십니다. 미믹이 하는 행동이 웃겨서가 아니라 뭔가 기특하다는 눈치예요. 무슨 일일까요?

"그래. 우리 미믹이 뭔가 아는 것 같구나. 초소형 비행체에 대해서는 어떻게 알았니? 또 잠자리를 본떠 만들었다는 것도 알고 있고……. 녀석 장난만 치는 줄 알았더니 기특한걸."

"아빠! 저렇게 장난만 치는데 기특하다구요? 잠자리를 본뜬 초소형 비행체는 또 뭐예요?"

"누나는 내가 왜 그러는지 정말 몰랐어? 전에 내가 '파리랑 모기는 이 세상에서 없어져야 할 해충들이야.' 했더니 누나네 과학부 선생

님께서 하셨던 말씀 생각 안 나? '파리는 잠자리와 함께 초소형 비행체를 연구하는 데 훌륭한 모델이 되고 있는걸.' 하셨잖아. 누나 선생님께서 이야기하셨는데 나보다 더 기억을 못 하냐."

아! 맞아요. 얼마 전 과학부에서 진행하는 공개 수업을 할 때였어요. 엄마를 따라온 미믹이 파리랑 모기를 잡겠다고 어찌나 뛰어다니는지 선생님께서 해 주셨던 말씀이에요.

"그래. 그때 선생님께서 잠자리, 파리 같은 곤충은 초소형 정찰기나 탐지 로봇 비행체를 연구하는 데 중요한 모델이라고 하셨어."

"빙고! 이제야 생각나는 모양이네. 우리 똑똑한 누님이 어째 그걸 기억 못 했을까?"

저 녀석, 이제 누나를 놀리기까지 하네요. 그때 선생님께서 파리

잠자리를 본떠 만든 헬리콥터는 앞뒤, 왼쪽, 오른쪽 모든 방향으로 자유롭게 날 수 있어요.

와 잠자리가 비행 능력이 뛰어나다고 하시면서 과학자들이 이 비행 능력을 활용한 아주 작은 비행체를 만들고 있다고 하셨어요. 적군 몰래 침투시키는 초소형 정찰기는 물론이고, 꿀벌 모양을 한 탐지 비행기 등 많은 비행체들이 모두 곤충을 닮았다는 이야기를 해 주셨답니다.

"그날 선생님께서 헬리콥터도 잠자리를 닮은 거라고 말씀하셨잖아. 기억해?"

"응, 기억나! 잠자리 날개 구조가 새나 다른 곤충의 날개와 다르다고 하셨지. 뒤로도 날 수 있다고……."

"맞아. 헬리콥터가 앞뒤, 왼쪽, 오른쪽 네 방향으로 자유롭게 날아다니는 것도 잠자리의 비행 모습을 본뜬 거라고 하셨어."

하늘을 날아다니는 헬리콥터는 보통 비행기와는 조금 달라요. 생긴 것도 그렇지만 공중에서 멈춘 채 떠 있을 수도 있고, 수직으로 날아오를 수도 있어요. 자유자재로 날 수 있는 비행 능력을 가진 헬리콥터가 바로 잠자리를 닮았다고 하셨어요.

잠자리는 날개 두 쌍을 가지고 있는데, 아주 가볍고 투명해서 손으로 잡으면 금방 부스러질 것 같지요. 하지만 잠자리 날개는 아주 강한 근육으로 되어 있답니다. 게다가 근육과 근육 사이를 가는 관이 연결하고 있어서 일 초당 약 40번가량 날갯짓을 할 수 있다고 해요. 방향과 속도도 원하는 대로 조절할 수 있고요. 잠자리가 뒤로도 날 수 있다는 거 아셨어요? 전 지금 알았거든요.

헬리콥터가 잠자리의 이런 특징들을 닮았다고 하네요.

"아, 맞다. 선생님께서 헬리콥터 말고도 잠자리를 본떠서 만든 다른 것들이 있다고 하셨는데……. 그게 뭔지 기억나니?"

"그럼, 우주선이었어. '잠자리를 닮은 우주선?' 하면서 내가 막 웃어 버렸잖아."

선생님께서는 호주에서 잠자리를 흉내 내 화성 탐사 우주선을 만들고 있다고 하셨어요. 미믹이 그 소리를 듣자마자 웃음을 떠뜨렸답니다. 별로 웃긴 일도 아닌데 말이죠. 시골 할머니 댁에 갔을 때 고추잠자리를 잡으려고 살금살금 다가가면 얼마나 빨리 도망가던지, 거의 직각으로 방향을 바꾸며 도망치는 뛰어난 비행 솜씨를 직접 본 적이 있었어요. 곤충을 흉내 낸 비행체, 그럴듯하지요?

많은 과학자들이 잠자리뿐만 아니라 파리나 꿀벌 같은 작은 곤충의 생김새와 나는 모습에 많은 관심을 기

미국의 로봇 완구제조사 '와우위'에서 개발한 '드래곤플라이'는 무선으로 조종할 수 있는 세계 최초의 비행 곤충 로봇입니다.

울이고 있어요. 잠자리만큼이나 독특한 특징들을 가지고 있거든요. 곤충의 뛰어난 비행 솜씨를 흉내 내 초소형 비행체나 감시 카메라를 단 스파이 비행체를 만들어 내려고 한답니다. 적에게 들키지 않고 정찰을 하는 데 곤충의 비행 솜씨만큼 뛰어난 것도 없으니까요. 생각해 보세요. 파리가 윙윙 날아다닌다고 해서 '적이 나를 감시하는구나.' 하고 쉽게 의심할 수 있겠어요? 혹 의심을 한다 해도 워낙 작고 빨라서 실제 파리인지, 초소형 비행체인지 구별하기 힘들 거고요.

"누나! 가까운 미래에 이런 일도 있을 거래. 어떤 사람이 테러 조

우리만 몰랐던 파리의 비행 능력!

몸길이 약 2cm, 몸무게 0.1g, 일 초에 200번 날갯짓을 하고, 3m를 날아갈 수 있는 파리의 비행 능력을 주목하라! 파리를 모델로 한 비행체, 로보플라이에 대한 연구가 진행되어 왔어요. 파리 크기의 비행체인 파리 로봇 비행체는 감시 카메라와 도청 장치를 달아서 적의 움직임을 감시하는 정찰 비행기로 이용되기도 하고, 사람이 들어갈 수 없는 아주 좁은 공간을 돌아다니기도 하고, 적외선 카메라를 달아 깊고 어두운 공간을 촬영하도록 할 수도 있어요. 파리는 어느 방향으로도 이륙과 착륙이 가능하고, 비행 중에도 매우 빠른 속도로 방향을 바꿀 수 있답니다. 잠자리, 파리와 같은 곤충도 생체모방을 연구하는 과학자들에게는 소중한 관찰 대상이 된다는 것 기억하세요.

직에 납치되면 파리 한 마리를 건물 환기구나 열린 창문 틈으로 들여보내는 거야. 이 작은 파리가 건물 안 이곳저곳을 날아다니면서 범인은 물론이고 인질의 수와 위치, 현재 상태, 진압부대가 침투할 경로도 모두 파악하는 거지. 이것이 바로 파리 로봇, 초소형 비행체야."

"그래. 초소형 비행체가 쓰일 곳이 아주 많을 것 같아. 붕괴된 건물 안이나 사람이 가기 어려운 환경에도 이런 비행체나 뱀을 닮은 로봇을 쓰기도 한다더라구."

"맞아! 오호, 우리 누나도 제법 똑똑한데? 크크. 정찰, 수색, 테러 진압 같은 군사 작전 그리고 사람이 들어가기 어려운 원자로 내부 청소와 누나가 말한 건물 붕괴나 맨홀 같은 곳에 빠진 사람들을 구조하는 데도 초소형 비행체를 쓸 수 있지."

"우아~. 우리 미믹도 많은 걸 알고 있구나. 제법인걸!"

> 작고 눈에도 잘 안 띄어서 무심코 봐 넘겼는데, 과학자들이 곤충에 주목하는 데는 다 이유가 있었네!

> 작다고 깔보면 안 된다구! 그런데 아빠가 사 주신 드래곤플라이가 어디 갔지?

아는 만큼 커지는 생각 보따리

왜 곤충일까요?

최근 미국의 워싱턴과 뉴욕에서는 정치인들이 모이는 집회장에 잠자리를 닮은 초소형 비행 물체가 자주 목격되고 있다고 해요. 이미 미국 중앙정보국 CIA는 1970년대에 잠자리 형태의 정찰 로봇을 개발했고, 전문가들은 일부 정부 기관이 현재 이 로봇을 활용하고 있을지도 모른다고 경고합니다. 지난 7월 하버드대학 연구진도 무게 0.65g에 어른 손톱만 한 초소형 로봇을 선보인 적이 있었지요. 이런 초소형 곤충 로봇은 용의자를 미행하기도 하고, 미사일을 목표물 쪽으로 유도하는 역할도 합니다. 무너진 건물 더미 속으로 파고들어가 살아 있는 사람의 위치를 찾아내는 데 쓰일 수도 있고요.

이렇듯 더 작게, 더 민첩하게, 더 자유롭게 나는 초소형 비행체를 만들기 위해 노력하는 과학자들이, 자연을 그것도 자연 속 곤충을 눈여겨보는 이유가 뭘까요?

첫 번째 이유는 곤충이 단순하기 때문입니다. 수많은 근육과 뼈로 이루어진 새에 비해 단순한 몸 구조를 가진 곤충이 어떻게 움직이는지 그 원리를 연구하기가 쉽겠지요.

두 번째 이유는 효율적이기 때문입니다. 상황에 따라 재빠르게 움직이거나 대처하는 기동성이 뛰어나서 급하게 정지하거나 방향을 전환하는 것이 자유로워요. 뇌 구조는 간단하지만 8만여 개의 센서가 주변 상황을 파악한 뒤 효과적으로 반응한답니다. 이런 이유로 곤충은 생체모방공학 중에서도 가장 주목 받고 있어요.

초소형 비행체로 적합한 곤충들을 우리도 한번 관찰해 볼까요? 잠자리랑 헬리콥터는 무엇이 닮았는지, 파리와 벌은 어떤 비행체로 활용하는 게 좋을지 말이에요.

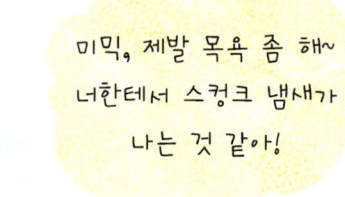

7
씻지 않아도 깨끗해지는 연잎 효과

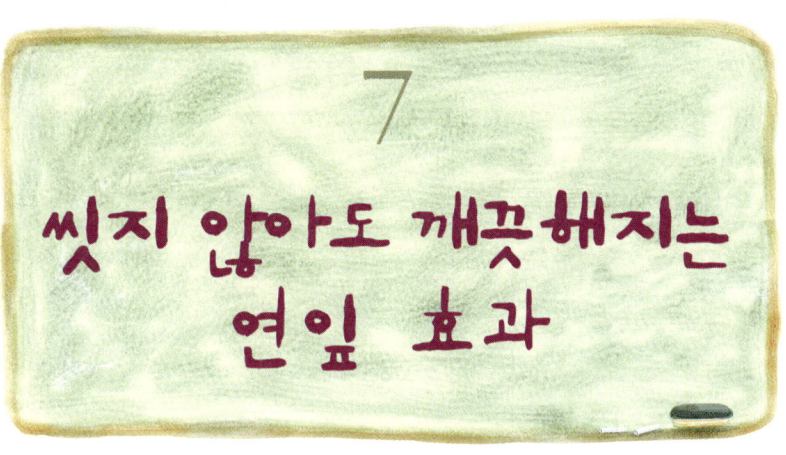

연잎에 떨어진 물방울이
또로롱 굴러 떨어지는 이유

　미믹 때문에 또 머리가 아파지려고 합니다. 이 녀석은 씻는 걸 너무 싫어하지 뭐예요. 조금 전까지 연잎에 앉은 잠자리를 잡겠다고 그렇게 뛰어다녔으면서도 안 씻겠다고 저렇게 고집을 피우니……. 땀 냄새가 아휴~. 말 안 해도 아시겠죠? 아무리 핀잔을 주어도 아무렇지도 않은 표정으로 씻지 않고 살 수 있는 방법을 알려 달라지 않나. 정말 제 동생이지만 너무합니다. 이럴 때면 사람의 몸도 연잎 같으면 얼마나 좋을까 하는 생각이 들어요.

　"이 게으름뱅이야. 넌 사람이야. 네가 무슨 연잎도 아닌데 어떻게 씻지 않고 살 수가 있겠니?"

　"누나! 연잎은 목욕하지 않아도 돼?"

　"그래. 너도 비 내리는 날 빗방울이 연잎 위에 떨어지면 또르르 흘러내리는 걸 본 적 있지? 물방울이 굴러 떨어지면서 연잎 위에 붙어 있던 먼지까지 같이 쓸어 가니까 연잎은 따로 씻어 주지 않아도 깨끗해."

"와, 연잎은 좋겠다. 나도 연잎으로 옷을 만들어 입을까? 그러면 씻지 않아도 되는 거 아냐?"

미믹은 정말 못 말리는 녀석입니다.

"연잎이 네 피부가 아닌 이상 목욕은 해야 해. 그렇지만 제법 똑똑하네. 연잎을 모방해서 옷을 만들 생각까지 하다니 말이야. 과학자들이 연잎을 흉내 내서 청소를 하지 않아도 되는 제품들을 연구하고 있거든."

"에헴! 이 미믹이 똑똑한 걸 이제야 알았단 말이야?"

"잘난 척은……. 그럼, 너 연잎이 왜 그런 성질을 가지고 있는지 알아? 똑똑하니까 그 정도는 설명할 수 있겠지?"

"아…… 그러니까…… 그게 말이지……."

"그러면 그렇지. 역시 넌 이 누나가 없으면 아무것도 못 한다구."

"쳇, 난 누나보다 어리니까 당연히 모르는 게 더 많을 수밖에!

누나야말로 잘난 척 그만 하시지?"

"아이쿠, 내 동생 이러다 또 삐치겠네. 좋아, 이 누나가 알려 줄게. 나도 얼마 전에 책에서 본 건데, 연잎 표면에는 아주 많은 돌기들이 있대. 그 돌기들은 크기가 몹시 작아서 지름이 10억분의 1미터 정도밖에 안 된다고 해. 미믹, 너 '나노'라는 말 들어 봤지? '나노'란 바로 10억분의 1을 말하는 거야."

연잎에 있는 돌기는 물을 아주 싫어하는 성질을 가진 물질로 만들어져 있어요. 물을 싫어하는 성질을 '소수성'이라고 하지요. 연잎은 소수성이 정말정말 심하다는 뜻으로 '초소수성'이라고 해요. 연잎에는 이런 성질을 가진 작은 돌기들이 나 있어서 물이 절대로 스며들 수 없어요. 그러니까 연잎 위에 물방울이 떨어지면 잎에 붙어 있지 못하고, 또

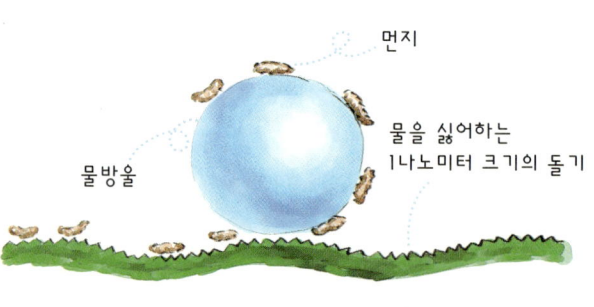

연잎에는 물을 싫어하는 성질을 가진 작은 돌기들이 빽빽하게 돋아 있어 물방울이 스며들거나 퍼지지 못하고 굴러 떨어져 버립니다.

르르 굴러 떨어지는 거랍니다. 그때 잎 위에 붙어 있던 먼지나 티끌도 함께 떨어지는 거지요. 그 덕분에 연잎은 늘 깨끗함을 뽐낼 수 있는 거래요. 연잎이 가진 이런 특징을 '연잎 효과'라고 합니다. 연잎 효과를 처음으로 발견한 과학자는 독일 본대학의 빌헬름 바르트로 박사님이랍니다.

"그렇구나. 누나, 연잎만 그런 성질을 갖고 있는 거야?"

얼룩은 가라, 빌헬름 바르트로

1997년 독일 본대학의 식물학자 빌헬름 바르트로(Wilhelm Barthlott) 교수는 연잎에 나 있는 작은 돌기층 때문에 물방울이 스며들지 못하고 그냥 굴러 떨어진다는 것을 알아냈어요. 그리고 이 과정에서 연잎에 묻은 먼지까지 말끔하게 씻긴다는 '연잎 효과'를 밝혀냈지요. 빌헬름 교수님 덕분에 연잎 효과를 본떠서 생활 방수도 되고, 음료수나 토마토케첩이 묻어도 얼룩이 남기 전에 미끄러져 버리는 섬유, 어쩌다 오염 물질이 묻어도 물에 씻겨 내려가는 스포츠 의류 등이 만들어져 판매되고 있답니다.

"그건 아니야. 맨 처음에 연잎에서 그런 성질을 발견했기 때문에 그렇게 부르는 거야. 토란 잎 등 다른 식물의 잎들도 연잎 같은 성질을 갖고 있어."

"연잎이나 토란 잎처럼 저절로 깨끗해지는 옷감으로 옷을 만들어 입으면 엄마가 매일 빨래를 안 하셔도 될 텐데! 그렇지, 누나?"

"아유, 내 동생 효자네. 그렇게 기특한 생각도 다 하고. 미국에서는 과학자들이 정말로 그런 옷감을 발명했대. 옷감 표면을 머리카락의 1000분의 1만큼 작은 은 알갱이로 코팅해서 연잎처럼 만들었기 때문에 물이나 콜라를 쏟아도 그냥 털어 내면 될 정도래. 그렇지만 만드는 데 돈이 너무 많이 들기 때문에 당장은 누구나 사용하는 것이 어렵다

■ 보통 페인트를 칠한 벽(위), 연잎 효과가 있는 페인트를 칠한 벽(아래).

네. 아쉽지만 더 싸게 만들 수 있을 때까지 기다려야지."

"그렇구나. 아쉽지만 기다려 줄게, 헤헷! 그런데 연잎을 흉내 내서 만든 건 옷감밖에 없는 거야?"

"좋은 질문이야. 페인트 중에도 연잎을 모방해서 만든 것이 있어. 이 페인트를 벽에 바르면 표면이 마치 연잎처럼 되는 거야. 즉 아주 작은 알갱이들이 우둘투둘 붙어 있는 효과를 내는 거지. 물론 이것들도 소수성 물질로 만들어져 있어. 미믹! 소수성이 뭐랬지?"

"물을 싫어하는 성질이라며! 쳇, 그것도 기억 못 할까 봐 확인하는 거야?"

"그래, 맞았어. 보통 페인트를 칠한 벽은 시간이 지날수록 더러워지지만, 연잎 효과를 가진 페인트를 칠한 벽은 비가 올 때마다 자동 청소가 되기 때문에 언제까지나 깨끗함을 유지할 수 있는 거야. 어때, 정말 편리하겠지?"

"응, 진짜 편리할 것 같아. 페인트 말고 또 없어?"

"당연히 또 있지! 아빠가 자동차 사이드 미러에 뭔가 뿌리시는 것 본 적 있지?"

"많이 봤지. 그것도 연잎이랑 상관이 있어?"

"그래. 그것도 연잎을 흉내 내서 만든 거야. 비가 오면 옆 거울에 물방울이 붙어서 잘 안 보이잖아. 미리 연잎 효과를 가진 코팅제를 뿌려 두면 비가 와도 빗방울이 달라붙지 못하고 굴러 떨어지니까 옆에 차가 오는지 잘 확인할 수 있게 되는 거지."

"그런 거구나!"

"그뿐만 아니라 연잎 효과를 가진 필름을 개발 중이래. 아주 얇고 투명하고 튼튼하면서 연잎 효과를 가진 필름을 만들어서 건물 유리창, 거리 표지판, 목욕탕 거울 등에 사용한다면 따로 청소를 하지 않아도 되니까 정말 편리하지. 또 만약 자동차 전체에 그런 필름으로 코팅을 한다면 따로 세차할 필요가 없잖아. 그렇지만 아직은 완벽한 필름을 만들지 못했다나 봐."

연잎을 응용한 우산, 연잎을 닮은 옷, 연잎을 모방한 텐트와 페인트 등이 많이 만들어지면 정말 좋을 것 같아요. 자동차 유리창도 연잎을 닮으면 비 오는 날 와이퍼를 움직이지 않아도 되겠죠?

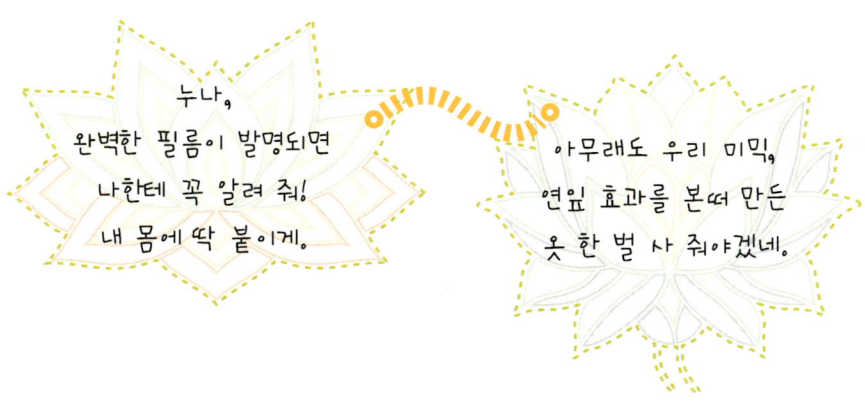

아는 만큼 커지는 생각 보따리

식물의 잎은 왜 여러 가지 모양을 하고 있을까?

연잎은 비가 오면 우산으로 써도 될 만큼 넓적하게 생겼어요. 이렇게 잎이 넓으면 식물의 잎이 해야 할 가장 중요한 일인 광합성을 하기에 유리할 거라고 생각하지요? 하지만 우리 주변에 있는 식물의 잎을 보면 넓은 것만 있는 게 아니에요. 단풍잎은 5~7개의 손을 벌리고 있는 모양이고, 대나무 잎은 기다랗게 생겼지요. 아카시나무 잎은 작은 잎 여러 개가 모여 한 개의 잎을 이루고 있고요. 소나무 잎은 바늘처럼 날카로워서 저 녀석도 광합성을 할 수 있을까 의심마저 생기게 합니다.

식물의 잎이 광합성을 하기에는 넓적할수록 좋겠지라고 생각하기 쉽지만, 실제로는 둥근 것, 뾰족한 것, 넓은 것, 좁은 것 여러 가지 모양이에요. 오랜 세월 동안 자기가 살고 있는 환경에 적응해 온 결과랍니다. 대부분 좁다란 나뭇잎들은 긴 모양을 하고 있어요. 광합성에 필요한 만큼 햇빛을 충분히 받으려면 좁은 잎은 되도록 길어야 해요. 그래서 그렇게 진화한 거지요. 결국 모든 잎들은 자신이 살아온 환경에 맞춰서 광합성을 하기에 가장 좋은 모양으로 진화해 왔다는 것을 알 수 있어요.

식물의 잎은 광합성을 하는 것이 목적이기 때문에 환경에 맞추어 잎 모양을 바꿔 왔다고 했어요. 그런데 다른 이유 때문에 잎 모양을 바꾼 친구들도 있답니다. 잠깐 만나 볼까요?

끈끈이주걱은 물고기를 잡는 통발처럼 생겼는데, 벌레를 잡아먹는 식충 식물이에요. 벌레를 잡는 잎을 포충엽이라고 해요. 포충엽도 잎이 변해서 된 것이에요. 이 잎들은 광합성이 목적이 아니라, 벌레를 잡기에 편리하도록 변한 것이랍니다. 그런가 하면 백합과 식물의 둥근 뿌리도 잎이 변한 거예요. 저장엽이라고 하지요. 우리가 먹는 양파도 잎이라는 사실 몰랐지요? 이런 저장엽은 잎이 양파처럼 하나씩 벗겨지기 때문에 비늘잎이라고도 불린답니다. 또 선인장 가시도 잎이 변한 거지요. 선인장은 덥고 물이 적은 사막에 살기 때문에 공기 중으로 날아가는 물의 양을 줄이기 위해 잎의 면적을 줄이고 줄여 가시처럼 변하게 된 거랍니다.

여러 가지 식물의 잎 모양을 관찰하고, 왜 이렇게 변했을지 그 이유를 생각해 보고 적용할 곳을 찾아보는 것도 훌륭한 생체모방, 자연을 모방한 과학 기술을 개발하는 첫걸음이에요.

이것 좀 봐!
물고기를 닮은
자동차가 개발됐대.

8
생체공학형 컨셉트카, 박스피시

응, 뭐라고?
싱싱한 자동차?

바다 속 물고기를 닮은 자동차 이야기

"미믹, 너 사오정이야? 싱싱한 자동차라니?"

"그러니까 대체! 왜! 자동차가 물고기를 닮아야 하냐고, 쓸데없이……."

"이 녀석아, 쓸데가 없기는! 물고기를 닮은 이 컨셉트카가 공기 저항을 많이 줄였다잖아. 그만큼 빨리 달릴 수도 있다는 거지."

"경주용 자동차도 정말 빨라. 그런데 뭣 때문에 물고기를 닮은 자동차까지 만들고 그런대? 비린내 나게."

어이구, 미믹은 왜 저럴까요? 물고기를 닮은 생체공학형 자동차에 대한 기사가 이렇게 크게 났으면 뭔가 대단한 일을 했나 보다 관심을 갖고 살펴봐야 할 텐데, 비린내가 날 것 같다니요. 과학자가 되려면 호기심과, 관찰하고 탐구하는 노력이 뒤따라야 하는데 말입니다. 이 누나가 좀 도와줘야겠지요?

"미믹! 딴 짓 말고, 얼른 따라와! 이 자동차에 대해서 좀 더 알아보러 가자!"

"정말? 자동차 보러 가는 거야? 아싸~ 좋아, 좋아!"

"아니야! 인터넷에서 자료도 좀 찾아보고, 삼촌에게 물어보러 가자고!"

"누나~앙. 우리 싱싱한 자동차 보러 가자! 응?"

미래 자동차, 컨셉트카

'컨셉트카' 라는 단어가 생소하지요? 그러나 그리 어려운 단어는 아니에요. 간혹 국제무역센터에서 모터쇼라는 이름으로 국제 자동차 전시회가 열린다는 기사를 본 적이 있을 거예요. 바로 그런 전시장에 전시된 자동차들 대부분이 컨셉트카랍니다. 미래에 우리가 어떤 자동차를 좋아할지 짐작해서 시험 삼아 개발하여 전시한 뒤, 전시장에서의 반응이 좋으면 상품으로 내놓는 거예요. 그러니 컨셉트카의 종류가 얼마나 다양할지 상상이 가시죠?

혹시 점입가경(漸入佳境)이라는 말 들어 본 적 있으세요? 갈수록 볼 만하다는 뜻이잖아요. 미믹이 하는 행동이 그렇죠? 아니 어쩜 저래요. 누나 노력을 알아주지는 못할망정……. 어휴~ 미믹 때문에 골치가 아프네요.

아직 팔리고 있는 게 아니어서 자동차를 보러 가는 것도 무리고요. 어쨌거나 이 생체공학형 자동차에 대해서 좀 더 설명해 줄 분을 찾아가야 할 것 같아요. 대학원에서 자동차공학을 공부하는 우리 삼촌이에요. 우린 삼촌을 자동차 박사라고 불러요. 실제로도 곧 박사 학위를 받을 거래요. 삼촌은 어릴 적부터 자동차는 뭐든지 좋아했대요. 지금도 삼촌 방은 미니 자동차에서부터 자동차 사진과 그림 들로 가득하답니다. 삼촌은 자동차에 관해서라면 따라올 사람이 없을 정도로 전 세계 자동차에 대해 꿰뚫고 있는 자동차 마니아예요. 삼촌에게 이 물고기를 닮은 자동차에 대해 물어보면 척척 답을 해 줄 거예요. 모르면 찾아서라도 알려 주시겠죠?

"삼촌! 누나가 자꾸 물고기 자동차 이야기를 하는데, 그게 그렇게

물고기를 닮은 생체공학형 컨셉트카, 박스피시

독일 자동차 업체 메르세데스 벤츠가 물고기를 닮은 '생체공학형' 자동차를 개발했다고 발표했다. 모델이 된 물고기는 인도양과 태평양에 서식하는 열대어인 거북복, 바로 박스피시(BOXFISH)다. 박스피시는 몸체에 비해 얼굴이 작은 편이어서 몸 전체가 물방울처럼 공 모양에 가깝게 생겼기 때문에 공기 역학적으로 저항을 줄여 속도와 연비를 높일 수 있는 형태다.

빨라요?"

"응? 물고기 자동차라고? 이지야! 혹시 미믹이 이야기하는 게 박스피시 말하는 거니? 이 신문을 본 거야?"

우아~ 삼촌은 우리가 본 신문을 벌써 스크랩까지 해 놓았네요. 역시 자동차 박사답죠?

"삼촌, 벌써 이 컨셉트카에 대해 자료를 찾아본 거예요?"

"그래. 삼촌은 기사가 나기 전부터 이 차가 개발된다는 소식을 알고 있었어. 외국의 자동차 전문지에 이미 나왔었고, 이번에도 찾아보니 자료가 많더구나. 앉아 봐, 보여 줄게."

미믹은 벌써 방 안 가득 미니 자동차를 어질러 놓았습니다. 삼촌 이야기에는 관심도 없고, 자동차를 가지고 노는 데 정신이 팔려 버렸지요. 그래도 삼촌은 미믹의 행동을 다 이해해 주니 다행이에요. 삼촌도 어렸을 때는 미믹 같았다고 하네요. 엄마가 늘 그러셨어요! "미믹이 꼭 네 삼촌을 닮았어!"라고……. 킥킥.

"미믹, 이지야! 기사 내용 중에 '공기 역학적으로 저항을 줄여 속도와 연비를 높일 수 있는 형태'란 말이 있지? 그게 무슨 뜻일까?"

공기 역학, 저항……. 어려운 말만 잔뜩 나오네요. 저항이란 말은 대강 무엇인지 알겠는데, 자세한 내용은 잘 모르겠어요.

"삼촌도 참! 그런 걸 질문이라고……. 이 미니 자동차처럼 높이를 낮게 만들고, 불필요하게 튀어 나온 부분들을 없애면 공기와 부딪치는 면이 줄어드니까 속도를 높일 수 있다는 거잖아요. 내가 좋아하는 스포츠카는 모두 낮고, 둥글둥글 생겼단 말씀이야."

미믹이 뭔가 알고 하는 이야기 같죠? 전 잘 모르겠는데……. 미믹이 언제 저렇게 많은 걸 알게 됐을까요? 슈퍼맨만 외치고 다니는 줄 알았더니, 과학자가 되기 위해 조금씩 준비를 한 모양이에요.

"미믹이 잘 알고 있네. 눈에 보이지는 않지만 공기도 흐름이 있단다. 그래서 자동차가 달리면 공기의 흐름이 자동차에 부딪치게 돼. 부딪치는 면이 많아지면 그만큼 저항이 커져서 속도가 떨어질 수밖에 없어. 미믹이 말한 것처럼 자동차를 낮게 만들고, 물고기처럼 유선형으로 디자인하고, 또 불필요한 장식들을 없애는 게 저항을 줄이는 방법이지."

 아하! 그러니까 결국 저항이란, 물체가 운동하려는 방향에 반대 방향으로 작용하는 힘을 말하는 거네요. 자동차가 커서 공기와 부딪치는 면이 많아지면 당연히 저항이 커질 거고요. 자동차가 달릴 때 공기와 부딪치는 것이 그렇게 큰 저항이 될 거라는 생각은 못 했는데, 연료 소모와 속도에 큰 영향을 주는군요.

 "얘들아, 이거 봐! 박스피시는 거북복이라고 부르는 열대어야. 재미있게 생겼지?"

 "우하하~ 거북이처럼 생겼어. 근데 왜 이름이 박스피시야, 거북피시가 아니고?"

미믹이 배꼽을 잡고 웃네요. 녀석, 뭐가 그리 웃기다는 건지…….

"이 열대어는 몸통이 거북처럼 보이기도 하고, 박스처럼 보이기도 해. 자세히 한번 볼래? 공기 저항이 적은 유선형으로 디자인 되어 있어. 자동차가 달릴 때 맞닿는 공기의 흐름이 부드럽게 차를 흘러갈 수 있겠지?"

정말 그러네요. 몸통 중간에 부딪히는 면 없이 그냥 흘러갈 수 있

컨셉트카, 박스피시의 또 다른 비밀

컨셉트카 박스피시는 열대어 박스피시에서 겉모양을 따온 생체공학형 자동차예요. 공기 저항이 작은 유선형으로 만들어진 겉모양만 중요한 것은 아니랍니다. 박스피시, 거북복의 살갗은 수많은 골판으로 짜여 있어서 최소의 무게로 최대의 강도를 보장하지요.

또 이 자동차는 친환경 개념을 적용했어요. 새로운 개념이 적용된 강력한 엔진은 적은 연료로도 먼 거리를 갈 수 있을 정도로 성능이 좋아졌어요. 비슷한 성능의 휘발유 엔진 자동차보다 연료 효율이 20%나 높아졌답니다. 엔진의 성능을 높여 주는 데는 트렁크 아래에 위치한 촉매 장치 속 액체가 한몫하는데, 이 액체는 자동차 배기가스가 배출될 때 배기가스에 들어 있는 질소산화물을 80%가량이나 줄여 준대요. 이 액체 또한 환경을 오염시키지 않는 물질이에요. 바로 소변에 들어 있는 '요소'랍니다.

게 생겼어요.

"삼촌 말이 맞아. 누나, 저것 봐! 박스피시 몸통에서 지느러미를 잘라 버리고 바퀴만 달면 컨셉트카 박스피시랑 똑같이 생겼어. 우하하! 비린내 나는 거 맞네."

"하하하, 녀석도 참. 자, 미믹! 누나랑 이것을 가져가서 보렴. 삼촌이 자료를 찾아 정리해 둔 거야. 이 자동차가 왜 자연을 닮았는지 좀 더 살펴볼 수 있을 거야."

으이구! 미믹은 끝까지 장난이지요. 그런데요, 저도 미믹을 닮아 가나 봐요. 박스피시 물고기를 자세히 들여다보다가 컨셉트카를 봐서 그런가? 정말 물고기 몸통에 바퀴가 달린 것처럼 보이지 뭐예요. 물고기를 닮은 컨셉트카, 정말 한번 타 보고 싶네요.

누나, 삼촌은 공부는 안 하고 자동차만 가지고 노나 봐.

너는 이게 노는 것처럼 보이니? 새로운 자동차 모양이며 디자인, 내부 엔진 등에 대한 기술까지 꼼꼼하게 비교하잖아. 삼촌이 정리해 둔 컨셉트카 자료를 보니까 과학이 한눈에 보이는데!

아는 만큼 커지는 생각 보따리

신문을 이용한 '과학 일기'

과학 공부 어떻게 하면 쉽게 시작할 수 있을까요? 가장 좋은 방법 중 하나가 가족과 함께 매일 신문을 보는 거예요. 신문을 보는 것만으로도 충분히 과학 공부를 시작할 수 있답니다. 물론 신문을 보고 끝내는 것이 아니라 궁금한 것은 찾아보고, 몰랐던 것은 정리를 해 둬야겠지요.

이렇게 신문을 학습 도구로 사용하는 방법을 '신문활용교육(NIE)'이라고 해요. 신문을 활용해서 공부를 하면 여러 가지 좋은 점이 있어요. 그 가운데 하나는 최신 정보를 빠르게 접할 수 있다는 것이지요.

그럼, 신문을 활용해서 어떻게 과학 공부를 하는지 살펴볼까요? 먼저 신문에 난 과학 기사 가운데 관심 가는 것을 하나 고르는 거예요. 그다음에는 기사를 오려서 공책에 붙이고, 궁금한 것들을 찾아 정리하면 돼요. 일기처럼 매일매일 그날의 기사를 고르고 궁금한 점, 이 과학 기술이 앞으로 어떻게 응용될지를 정리해 나가는 거지요. 그리고 우리가 배우는 과학 교과서에 나오는 어떤 부분과 관련이 있는지까지 정리하면 과학 공부를 따로 하지 않아도 쉽게 교과서 내용까지 정리할 수 있답니다.

일기를 다 쓴 다음에는 일기 전체 내용을 나타낼 수 있는 재미있는 제목도 달아 보세요. 마지막으로 일기 내용이 자연스러운지 문장을 제대로 적었는지 다시 한 번 읽어 보세요. 그러면 과학 공부는 물론이고 글쓰기 실력도 는답니다. 글감을 찾고, 주제와 제목을 정하고, 내용을 글로 쓰고, 스스로에게 질문을 던지고, 답을 찾는 과정을 반복하다 보면 문장을 이해하는 능력과 쓰기 능력이 길러지고, 사회와 과학 분야를 폭넓게 보는 시각을 갖게 됩니다.

처음에는 신문을 읽으면서 쉽고 재미있는 기사를 선택해서 스크랩하는 것에 습관을 들이는 게 좋아요. 처음부터 정리하고, 좋은 글을 쓰려다 보면 어렵고 힘들어서 흥미를 잃을 수 있거든요. 엄마 아빠가 보는 신문이 어렵다면 어린이 신문이나 과학 잡지를 이용하는 것도 좋은 방법이랍니다.

일기 내용에 초점을 맞춰 가족 모두 모여서 서로 질문을 하고 답을 찾아 보는 것도 좋아요. 어떤 탐구 활동을 했고, 어떤 생각을 했는지 일기 내용을 가지고 대화를 하면서 서로 호응해 주다 보면 자연스럽게 과학에 대한 흥미가 생기게 될 거예요. 과학 일기 쓰기, 오늘부터 시작해 보세요.

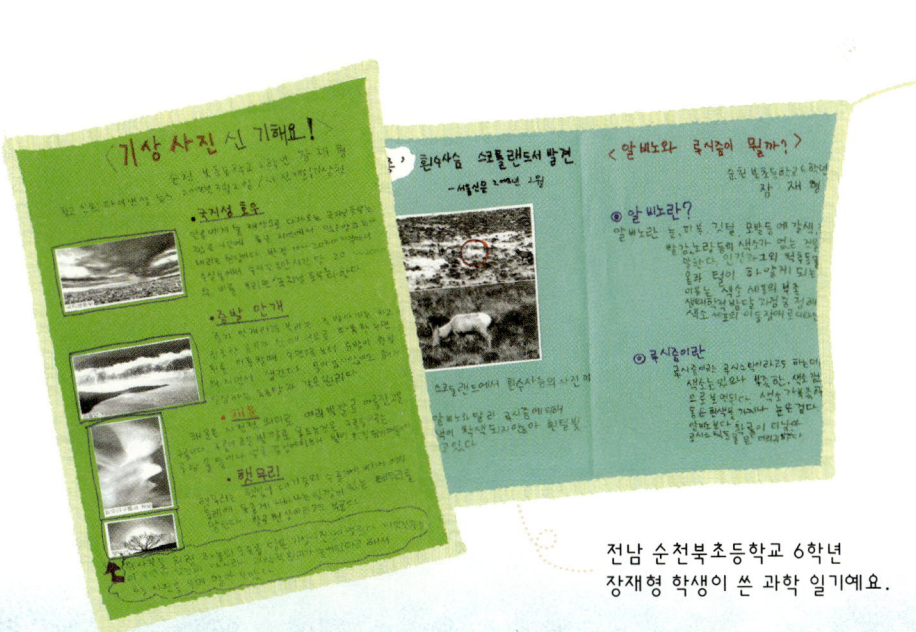

전남 순천북초등학교 6학년
장재형 학생이 쓴 과학 일기예요.

9 광섬유를 선물한 해면

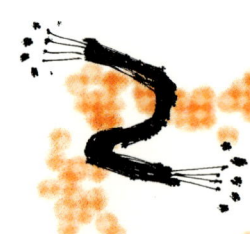

초고속 인터넷의 비밀, 광섬유 이야기

"누나는 내가 뭐 게임만 하는 줄 알아? 나비에 대한 책이 새로 나왔다고 해서 찾아보려는 거라고. 나비 도감인데 인터넷으로 찾아보고 엄마한테 사 달라고 하려고 그래."

"정말? 잠깐만 기다려. 지금 초고속 인터넷에 대한 자료를 찾고 있거든. 얼른 찾아서 프린트만 하고 비켜 줄게."

"초고속 인터넷 자료는 왜 찾아? 인터넷 회사 바꾸려고?"

"아니. 과학부 선생님께서 내 주신 숙제야!"

숙제 내용이 적힌 종이를 보여 줬더니 미믹이 야릇한 미소를 짓네요. 무슨 생각을 한 걸까요?

"누나! 내가 '이것' 이 무엇인지 알려 줄까?"

"너 답을 알아? 우아~ 정말이지?"

"그럼, 나 미믹이 누구신데……. 에헴!"

○○초등학교 과학부

제 17차 선행과제

우리나라는 인터넷 강국입니다. 우리는 초고속 인터넷을 사용해 대용량 영화 파일이나 음악 파일, 사진 파일 등을 빠르게 다운받을 수 있고 세계 곳곳의 친구들과도 실시간으로 이야기를 나눌 수 있습니다.
이번 과제는 〈초고속 인터넷을 가능하게 한 '이것'을 찾아라!〉 입니다. 이것은 무엇일까요?

▶ 힌트! '이것'은 1951년 발명되어 1990년대부터 우리 생활에 사용되었습니다. 그러나 어떤 해면동물은 1억 년 전부터 이것을 이용해 왔어요. 깊은 바다에 사는 몇몇 해면동물에는 침골이라 불리는 매력적인 유리 모양의 섬유가 자라요. 미국 뉴저지에 있는 벨연구소에서 이 유리 모양의 섬유가 훌륭한 '이것'이라는 것을 밝혀냈답니다. 해면동물의 침골을 찾아보면 '이것'을 알아낼 수 있을 거예요.

저는 모르겠는데 미믹은 정말 알고 있나 봅니다. 얼마 전부터 미믹이 정말 똑똑해진 것 같단 말이에요. 대견하기는 하지만, 어째 누나 체면이 영 그러네요.

"미믹, 답이 뭔데? 난 아직 자료를 못 찾았는데······."

"누나 그거 아주 쉬워! 전에 삼촌 방에 갔을 때 그거 기억 안 나? 왜, 물고기 닮은 자동차에 대해 물어보러 갔었잖아. 그때 삼촌 방에 가는 빨대 모양의 관들이 유리 상자 속에 다발로 들어 있었는데, 정전기 때문에 바람에 날리는 것처럼 흔들리고 있었잖아. 기억 안 나? 그게 '이것' 인데……."

그러고 보니 그날 삼촌 방에 이상한 게 있었어요. 전 박스피시 기사에 정신이 팔려서 그게 무엇인지 잘 모르겠는데, 미믹은 똑똑히 기억하는 모양이에요.

"난 그때 설명을 못 들었어. 그게 뭐였는데?"

"바로 '광섬유'라는 거였어!"

"여기 봐! 지금 내가 검색어를 하나 찾았는데, 광섬유라고 떴어. 우리 미믹 대단한걸! 고맙다, 미믹!"

"이 정도 가지고 고맙기는……. 아는 걸 말해 줬을 뿐인데, 뭐!"

미믹이 언젠가부터 사물을 세심하게 관찰하는 것 같아요. 전에는 보지 못했던 새로운 모습을 발견하게 되네요. 제 동생이지만 조금 걱정스러웠거든요.

"미믹, 광섬유가 뭔지 자세하게 알아? 너도 궁금하면 이리 와. 누

나랑 같이 살펴보자!"

"누나도 참! 당연히 광섬유가 뭔지 자세히는 모르지. 그날 삼촌 방에서 잠깐 들었을 뿐인데, 그걸 알면 내가 천재게? 키키~."

인터넷 검색창에 '광섬유'를 쳤더니 이런 화면이 나타났어요.

전화선을 이용한 인터넷은 용량이 큰 영화 데이터를 받는 것이 거의 불가능하거나 시간이 많이 걸렸다고 해요. 전화선은 구리 선으로 만들어져서 많은 데이터를 전송할 수 없기 때문이래요.

초고속 인터넷은 유리 섬유를 만들어 내는 바다 생물인 해면을 본떠서 만든 것입니다.

"초고속 인터넷도 유리 섬유를 만들어 내는 해면을 본떠서 만든 바이오미메틱스, 그러니까 생체모방이래."

"누나, 해면은 식물이지?"

"아니야. 나도 식물인 줄 알았는데, 동물이래. 얼핏 바위에 붙어 있는 걸 보면 식물 같지만, 해면은 광합성을 하지 않고 바다 속 플랑크톤을 잡아먹는 동물이래."

해면이 지금 우리가 사용하는 광섬유 케이블보다 빛을 더 잘 전달할 수 있는 유리 섬유를 만들어 낸다고 해요. 해면은 바닥에 쌓인 흙 등을 이용해 아주 질 좋은 광섬유를 만든답니다. 열을 가하거나 압력을 가하지 않는데도 말이에요. 게다가 바닷물에 풍부한 나트륨 성분을 이 천연 섬유에 첨가해서 빛을 전달하는 능력을 향상시킬 수도 있다고 해요.

"미믹, 이거 봐! '광케이블을 이용한 초고속 통신망은 문자나 동영상, 음성 데이터 등을 고속으로 보낼 수 있는 통신망이다. 광섬유는 플라스틱을 재료로 하는 것도 있지만 대부분 유리로 만든다.'고 되어 있어."

"여긴 광섬유를 여러 가닥 묶어서 케이블로 만든 것이 광케이블이라고 되어 있네. 그런데 유리로 광섬유를 만들면 깨지지 않을까?"

저도 그게 걱정되는데요. 유리로 선을 만들면 깨지지 않겠어요? 조그만 돌멩이에도 쨍그랑 깨지는 게 유린데…….

"나도 그런 걱정을 했는데, 여기 나와 있네. 그냥 유리가 아니고 순도

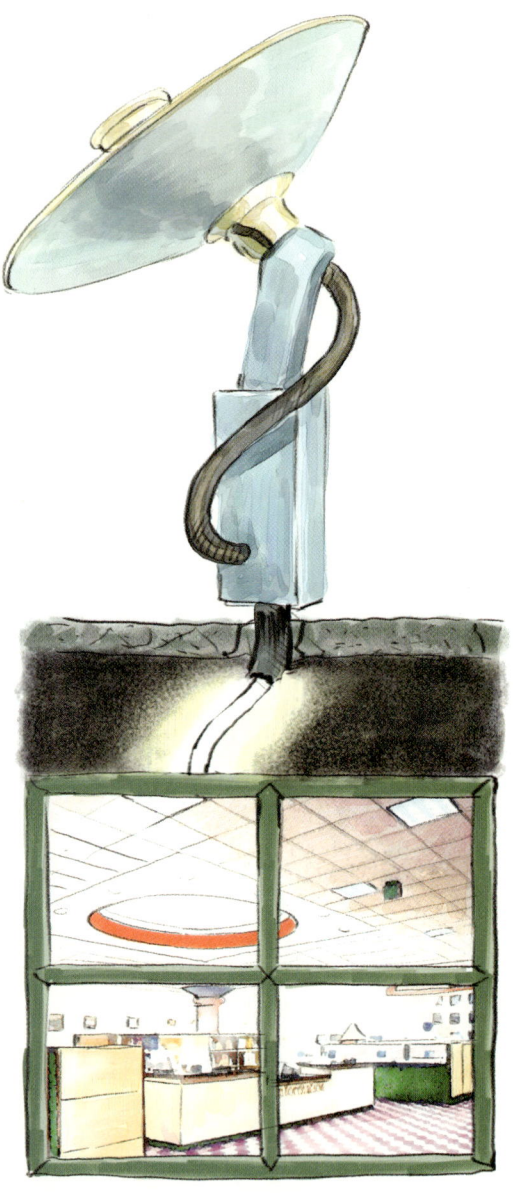

■ 광섬유를 이용해 태양 빛을 실내로 전달해 조명으로 사용하는 건물(밝다).

가 높은 유리를 녹여 실처럼 아주 가느다랗게 뽑아내서 그것을 여러 번 꼰 다음, 그 섬유를 다발로 묶어 완벽하게 빛을 전달하는 광섬유 케이블을 만드는 거래. 그러니까 깨질 염려는 없을 것 같은데?"

"그래도 난 왠지 쨍그랑 소리가 날 것 같단 말이야! 누나, 광섬유는 어떻게 생겼을까? 그냥 실처럼?"

"그것도 여기 나왔어. 빛을 전송하는 광섬유 케이블은 코어와 클래드로 이루어져 있대. 코어는 중심, 핵, 핵심이란 뜻이고, 클래드는 겉을 싸고 있는 껍질을 말하는 거지. 두 부분 모두 투명한 물질로 만드는데, 굴절하는 정도가 서로 다르대. 중심이 겉껍질보다 굴절 정도가 커서 빛이 밖으로 빠져나가지 못하고 중심과 외피의 경계선에서 꺾이면서 계속 달려가는 거지."

■ 보통 사용하는 기존 형광등을 실내조명으로 사용하는 건물(어둡다).

광섬유는 초고속 인터넷 통신망 이외에도 여러 곳에 사용된다고 나와 있네요. 잠수함에 달린 잠망경 성능을 높였고, 우리 몸속에 있는 위장의 모습을 영상으로 보여 주는 위내시경에도 이용한다고 합니다. 자동으로 데이터를 전송해 주는 기기를 만들 수도 있고, 고전압 전류를 측정

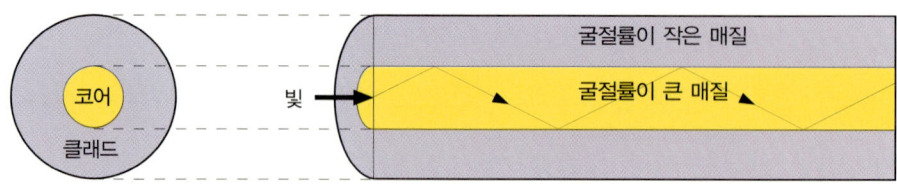

광섬유를 통한 빛의 전달 전반사란, 빛이 굴절률이 큰 물질(밀도가 높은 매질)에서 굴절률이 작은 물질(밀도가 낮은 매질)로 입사할 때 그 경계면에서 빛이 굴절하지 않고 100% 반사되는 현상을 말합니다. 광섬유는 이러한 전반사 원리를 이용해 많은 양의 정보를 손실 없이 전송할 수 있어요.

하거나 수중 음파를 탐지하는 기기 등을 만드는 데도 이용할 수 있대요. 또 옥상에 설치된 접시 모양의 판으로 태양 빛을 모아 광섬유를 이용해 형광등보다 훨씬 밝은 실내조명으로 사용할 수도 있어요. 전화와 인터넷 같은 일반 통신망만 생각했는데, 정말 다양한 곳에 광섬유가 쓰이나 봅니다.

"누나, 아까 플라스틱 광섬유도 있다고 했잖아? 유리보다 플라스틱 광섬유가 훨씬 편할 것 같은데……."

"음, 그것도 찾아볼게. 이유가 있을 거야."

"떴다! 유리 섬유로 만든 광섬유는 가격이 싸고, 대용량 초고속 정보 전송이 장거리까지 가능하다는 장점이 있고……. 뭐야, 플라스틱이 더 비싸네!"

"그래. 이제 초기 개발 단계라고 되어 있는 걸 보니 이해가 간다. 아직 본격적인 개발이 이루어지지 않았고, 장거리 전송이 어렵대. 유리로 만든 것보다 이동 중에 빛이 많이 손실되나 봐. 플라스틱 광섬유는 단거리 통신용이나 조명용으로 많이 쓴다고 되어 있어."

"누나, 그럼 삼촌 방에 있던 것은 플라스틱 광섬유인가 보다. 그거 장식용 조명이었잖아, 그치?"

그런 것 같습니다. 여러 개의 가는 선 끝에서 빛이 나는 그런 이상한 전등이었거든요. 신기하다 싶었는데, 그게 광섬유였군요.

"헤헤, 이것 봐! 엄마가 마트에서 사 오신 건데, 뭐라고 쓰여 있는지 알아? 해면 스펀지!"

"해면 스펀지? 어디 좀 줘 봐. 해면 스펀지는 적은 양의 비누로도 풍부하고 작은 거품을 낼 수 있어서 부드럽고, 피부에 자극이 없다?"

"누나, 우리 강아지 목욕시킬 때 이걸 쓰자. 아주 좋겠는데."

엄마가 샤워할 때 쓰시려고 사 오신 것 같은데 미믹은 어느새 강아지를 끌고 목욕탕으로 갑니다. 아무래도 곧 집 안이 시끄러워지겠는데요. 아무튼 오늘은 미믹 때문에 광섬유와 초고속 인터넷에 대해, 그리고 해면에 대해서 쉽고, 재미있게 알아볼 수 있었답니다. 오늘 보니까 우리 미믹도 과학부에 잘 어울릴 것 같은데요?

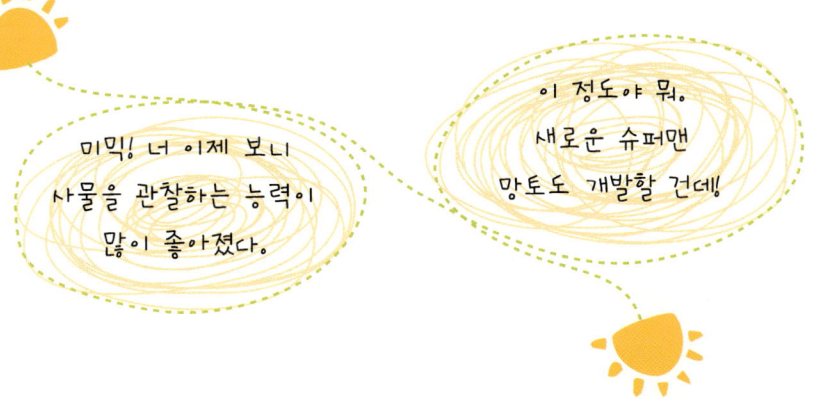

미믹! 너 이제 보니 사물을 관찰하는 능력이 많이 좋아졌다.

이 정도야 뭐. 새로운 슈퍼맨 망토도 개발할 건데!

아는 만큼 커지는 생각 보따리

과거를 알면 미래가 보여요!

미래를 미리 짐작해서 머릿속에 그려 보려면 과거를 먼저 이해하라. 참 아리송한 말이지요? 하지만 맞는 말이랍니다. 하루가 다르게 변화하는 과학 기술을 우리가 모두 예측해 낼 수는 없어요. 이럴 땐 먼저 과거의 과학 기술과 과학자를 다룬 책을 읽어서 과거의 과학 기술이 현재의 삶을 어떻게 변화시켰는지 이해하는 거예요. 그러면 자연스럽게 지금의 과학 기술이 미래를 어떻게 변화시킬 것인지 내다보는 데에도 도움이 됩니다.

책은 신문만큼 과학 기술의 변화에 대한 소식을 빨리 전해 주지는 못하지만, 여러분의 눈높이에 맞춰서 쉽게 설명해 준다는 장점이 있어요. 과거와 현재를 이해하고 미래를 내다볼 수 있는 과학책을 찾아보세요. 그런 책을 읽다 보면 여러분이 주인공이 되어 있을 미래 사회에는 어떤 일이 펼쳐질 것인지 이해할 수 있을 거예요. 또 여러분이 장래 희망을 결정하는 데도 도움이 되겠지요.

첨단 기술과 인터넷의 발달로 생활은 점점 더 편리해졌습니다. 하지만 과연 좋기만 한 걸까요? 책이나 신문을 읽으면서 이런 생각도 한 번쯤 해 보았으면 좋겠습니다. 과학 기술의 발달이 가져온 장점과 단점에 대해서 말이에요. 이렇게 과거와 미래 사회를 함께 생각하다 보면 여러분의 과학적 상상력이 부쩍 클 거예요. 꼭 과학자가 되지 않더라도 과학적 상상력은 삶을 살아가는 데 많은 도움이 된답니다.

생각해 보세요! 내가 어른이 되었을 때는 과학 기술이 얼마나 발전해 있을까? 우리는 어떻게 생활하고 있을까? 스스로 생각하기 어려울 때는 미래의 과학 기술을 그려 낸 책과 잡지를 찾아 읽어 보는 것도 잊지 말고요.

과거와 현재와 미래가 담긴 책, 그 속에 길이 있다!

똑똑한 건축가, 꿀벌 이야기

"이지, 미믹! 오늘은 엄마랑 같이 재미있는 걸 해 볼까?"

"재미있는 거? 뭔데요, 엄마?"

"곧 알게 될 거야. 엄마가 전에 말한 우유 팩은 잘 모아 뒀겠지?"

"그럼요! 저는 하루도 빼놓지 않고 잘 씻어서 말려 두었어요."

"역시 우리 딸은 착하기도 하지. 그런데 미믹! 너는 왜 대답을 안 하니?"

"엄마, 죄송해요. 저는 두 개밖에 못 모았어요."

"이 녀석! 그럴 줄 알고 엄마가 네 것을 따로 모아 뒀어. 다음에 또 그러면 넌 빼고 누나랑만 할 거야. 알겠지?"

"네, 엄마!"

"대답만 냉큼 하지 말고 꼭 약속 지켜야 해!"

미믹은 새끼손가락까지 걸며 엄마와 약속을 했습니다. 하지만 과연 약속을 지킬까요? 제 동생을 잘 아는 저로서는 의심해 볼 수밖에 없네요.

"일단 우유 팩을 한곳에 모아 보자꾸나. 엄마가 모은 것까지 합하면 의자 하나쯤은 충분히 만들 수 있겠는데."

"우유 팩으로 어떻게 의자를 만들어요? 우유 팩은 종이로 되어 있잖아요. 제가 앉아도 그냥 찌그러질 것 같은데……."

"그래, 이 우유 팩들은 종이로 만들어진 거야. 하지만 이것으로도 아주 튼튼한 의자를 만들 수 있단다."

엄마는 우유 팩을 삼각기둥 모양으로 만들어서 고정시켰습니다. 그런 다음엔 삼각기둥을 연결하여 육각기둥으로 만드셨어요. 이렇게 만든 육각기둥을 여러 개 합하니까 커다란 육각기둥이 되었습니다. 그리고 미리 준비해 둔 정육각형 모양의 푹신한 뚜껑을 그 위에 덮으

벌집 속

셨어요.

"다 됐다! 이제 한번 앉아 볼래?"

"미믹, 이 누나가 양보할게. 앉아 봐."

"욕심쟁이 누나가 웬일이셔."

미믹은 신이 나서 의자에 얼른 앉았습니다. 사실 제가 미믹에게 양보한 것은 혹시라도 의자가 부서지지나 않을까 걱정이 되어서였어요. 그런데 미믹이 앉아도 의자가 그대로 있지 않겠어요?

"정말 신기해요! 엄마, 별로 두껍지도 않은 종이로 만든 의자가 왜 이렇게 튼튼하죠?"

"그 비밀은 바로 정육각형에 있단다. 너희들 혹시 벌집 본 적 있니?"

"사진으로 본 적이 있어요. 그런데 그건 왜요?"

"벌집이 어떤 모양으로 생겼는지 기억 안 나?"

"아, 맞다! 벌집 속에는 작은 정육각형이 아주 많았어요."

"꿀벌은 열심히 일해서 모은 꿀을 보관하기 위해 집을 짓는단다. 나무껍질에 있는 섬유질을 이용해서 집을 짓는데, 가장 적은 재료로 가장 넓은 집을 짓기 위해서 육각형 모양으로 만드는 거야. 같은 길이의 끈으로 정삼각형, 정사각형, 정육각형, 그리고 원을 만들었을 때 어떤 도형의 넓이가 제일 큰 줄 아니?"

"선생님께서 원이라고 가르쳐 주셨어요."

"맞아. 제일 넓은 것은 원이지. 하지만 여러 개의 원을 붙이다 보면 사이사이에 틈이 생기게 돼. 그런데 정육각형은 여러 개를 붙여도 빈틈이 없잖아. 꿀벌의 집은 바로 이런 육각기둥을 여러 개 모아 놓은 거란다. 그렇게 하면 아주 튼튼한 집이 되니까. 그뿐만 아니라 9~14도 정도 위로 치켜 올라가게 해서 꿀이 흐르지 않게 한다니까 꿀벌이 얼마나 똑똑한지 알겠지?"

"꿀벌이 미믹보다 수학을 더 잘하는 것 같아요. 미믹은 넓이 구하는 것도 늘 틀리잖아요."

"칫, 난 아직 어리니까 그렇지."

"이 녀석들, 싸우지 말고 잘 들어 봐. 벌집을 영어로 '허니콤'이라고 하는데, 우리 주변에는 이런 허니콤 구조로 된 것들이 많단다. 사람이 꿀벌에게 배워서 만든 거라고 할 수 있지."

"엄마, 벌집 구조는 튼튼하다는 장점만 있어요? 또 다른 뭔가가 있으니까 사람들이 응용한 거 아닐까요?"

"그래, 맞아. 벌집 구조는 잘 휘지 않고 압축에 강하며 가볍기 때문에 종이, 플라스틱판, 알루미늄판 등에 흔히 쓰인단다. 예를 들면 가벼우면서도 튼튼한 골판지도 벌집을 본떠서 만든 거야. 골판지를 잘라서 속을 들여다보면 육각형 모양을 볼 수 있지. 또 휴대 전화나 무선 통신 기기의 기지국도 벌집을 닮았단다. 기지국 하나가 서비스하는 지역을 셀이라고 부르는데, 바로 이 셀의 모양이 정육각형이야. 셀 하나하나가 정육각형이면 모든 지역을 빈틈없이 이을 수 있으니까

벌집이 육각형인 이유

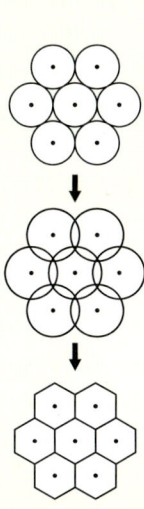

벌집을 자세히 보면 육각형 방이 다닥다닥 붙어 있는 모양이에요. 각 방은 꿀을 저장하는 창고로도 쓰이고, 아기 벌을 키우는 곳으로 이용되기도 해요. 알이나 애벌레, 번데기였을 때 벌의 몸은 거의 원통형에 가깝답니다. 그럼 왜 뱀이나 개미처럼 둥근 구멍의 집을 짓지 않을까요? 둥근 집은 특별한 기술이나 모양을 만들기 위해 힘을 들이지 않아도 빠른 시간에 지을 수 있는데 말이에요. 벌은 작은 공간에 효율적으로 많은 집을 지으려고 육각형 구조를 택한 거예요. 하나의 원은 완벽한 모양이지만 여러 개의 원으로 집을 지을 때는 공간의 낭비가 생기게 되지요. 원과 원 사이에 틈이 생기니까요. 그래서 벌은 원 형태에 가장 가까우면서도 공간의 낭비가 없는 육각형 형태로 집을 짓는 거예요.

■ 비행기 날개는 가볍고 튼튼해야 하기 때문에
■ 벌집 구조를 본떠 '벌집식 사이층'을 이용해 만든답니다.

더 효율적으로 서비스할 수 있지 않겠니?"

"작은 꿀벌에게서도 배울 게 있다니 참 신기해요."

"그렇지? 신기하지? 그러니까 작다고 무시하면 안 되는 거야. 아주 작은 생물에게서도 얼마든지 배울 점을 찾아낼 수 있으니까. 자연이 위대하다는 말, 너희도 들어 봤지?"

"네! 엄마, 벌집을 닮은 게 또 있어요?"

"벌집 구조는 고속 열차 KTX 차량의 앞부분에 설치된 충격 완화 장치인 허니콤에도 응용되었어. 벌집 구조로 만들어진 알루미늄 합금 소재인 이 장치는 충돌할 때 에너지를 80%나 흡수할 정도로 완충 작용을 한단다. 그러니까 혹 KTX 차량 앞부분이 사고로 다른 차량이나 바위 등에 부딪힐 때 그만큼 충격을 줄여 줄 수 있는 거지."

"또 뭐가 있어요?"

"비행기가 있단다. 비행기는 가벼우면서도 튼튼해야 하거든. 그래서 비행기 날개는 벌집을 흉내 낸 구조로 되어 있어. 이것을 '벌집식 사이층'이라고 부른단다. 그 밖에도 벌집 구조를 가진 플라스틱을 만들어서 건축 재료로 사용하고 있지."

"난 벌이 쏠까 봐 미워했지 뭐야! 이제부터는 벌한테 고마워해야겠다."

"미믹, 너 그동안 벌을 미워했다는 거야? 네가 그렇게 좋아하는 꿀도 다 벌 덕분에 먹을 수 있는 건데?"

"엄마! 누나가 꿀 얘기하니까 꿀떡이 먹고 싶어졌어요. 꿀떡 만들어 주세요."

"꿀떡 대신 이건 어때? 옜다, 꿀밤!"

"아얏!"

이크, 꿀밤을 맞은 미믹이 쫓아오네요. 꿀벌처럼 날쌔게 도망쳐야겠어요.

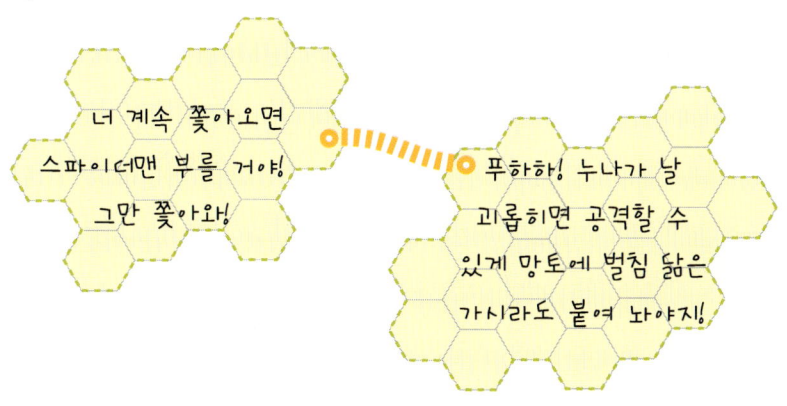

아는 만큼 커지는 생각 보따리

조선시대 과학 기술의 부흥을 이끈 장영실!

세종대왕이 나라를 다스렸던 시기에는 많은 과학자들이 활동했어요. 세종대왕도 과학자라고 해도 틀린 말이 아닐 정도로 과학 기술에 관한 애정이 각별했기 때문일 거예요. 특히 장영실과 이순지, 홍대용, 이천 등이 유명하지요. 장영실은 농기구나 무기 등을 만들고 고치는 솜씨가 뛰어나서 세종대왕의 눈에 띄어 중국에서 공부를 할 수 있게 됐어요. 세종대왕은 장영실이 궁중 기술자로 훌륭한 업적을 많이 남길 수 있도록 지원을 아끼지 않았답니다.

우리나라 최초의 물시계인 자격루를 만들었고, 해시계인 앙구일부도 만들었어요. 1441년에는 세계 최초로 비의 양을 재는 측우기와 수표를 발명해 강의 범람을 미리 예측할 수 있게도 했어요. 특히 측우기는 이탈리아에서 만들어진 서양 최초의 우량계보다 198년이나 먼저 만들어진 빛나는 우리 문화유산이랍니다. 장영실을 빼고는 조선시대의 과학 기술에 대해 이야기를 할 수 없을 정도로 건축과 과학 발전에 크게 기여를 한 인물이에요.

장영실은 천한 노비 출신이었지만 자신이 할 수 있는 일을 찾아 끊임없이 노력했던 사람이에요. 그리하여 누구도 넘보기 어려운 조선시대 최고 과학자의 자리에까지 오를 수 있었지요. 장영실이 동래현의 관가 노비로 있었던 시절의 일화는 이런 그의 노력을 잘 보여 줍니다. 그는 일을 마치고 나면 누가 시키지 않아도 틈틈이 무기 창고에 들어가 녹슬거나 망가진 무기와 공구들을 말끔하게 정비해 두었어요. 누구라도 고달픈 노비 생활을 하다 보면 틈이 날 때마다 쉬고 싶을 텐데, 장영실은 스스로 일을 찾아내 완벽하게 해 두었지요.

   장영실이 과학자로 성공할 수 있었던 이유가 바로 이런 자세에 있답니다. 불가능하다는 생각이나 조금 더 편해 보자는 생각이 아니라, 자신의 눈앞을 가로막고 있는 현실을 넘어서 보겠다는 각오가 있었기 때문이에요. 장영실의 삶을 보면 일 자체가 좋아서 스스로 일을 찾아다닌 것을 알 수 있어요. 또 매 순간마다 최선을 다하며 자신의 능력이 세상에 조금이라도 보탬이 되었으면 하는 마음과 끈기가 있었지요. 이런 장영실의 태도를 보고 세종대왕이 그를 신임하게 되고, 과학자로서도 많은 업적을 이룰 수 있었던 거예요.

   과학 기술은 현재 불가능한 것을 미래에 가능하게 하기 위해 한 단계씩 발전시켜 나가는 거예요. 바로 눈앞에 특별한 성과가 보이지 않더라도 꾸준히 노력하는 자세가 필요하지요. 하나하나 쌓다 보면 거대한 성이 완성되는 레고 블록처럼 말이에요.

수표   혼천의   자격루

스파이더맨처럼 벽을 타고 오르는 꿈!

"**미믹! 너 또 꿈꿨어?** 자다 말고 한다는 소리가 스파이더맨이니 말이야."

"자려고 누웠는데, 잠이 안 와서 전에 본 〈스파이더맨〉 영화 생각했거든……."

저 녀석 낮잠 잔다고 한참 누워 있더니 스파이더맨 생각을 했나 봅니다. 미믹은 정말 엉뚱해요. 그런데 꼭 되고 싶고, 하고 싶은 것들이 모두 슈퍼맨, 스파이더맨, 배트맨처럼 지구를 구하는 슈퍼 영웅과 관련된 것들이에요. 재미있죠?

"미믹! 지금 과학부 숙제로 신문 스크랩해 둔 자료를 다시 보고 있는데, 수직으로 세워진 유리 벽도 척척 올라가는 게코도마뱀에 관한 거야. 볼래?"

"개 코라고? 우하하하! 도마뱀 코가 개 코를 닮았나? 이름이 왜 그래?"

미믹이 또 엉뚱한 이야기를 하려나 봅니다. 저럴 때는 그냥 둬야 해요. 시간이 좀 지나면 다시 진지해질 테니까요. 요즘 제법 진지해졌다 했더니 아직은 시간이 좀 더 필요한가 봐요. 휴~.

"누나, 개 코가 뭐 어쨌는데? 개 코가 유리 벽을 타고 올라가?"

"개 코가 아니라 게코도마뱀이야. 영어로 gecko여서 게코라고 읽는 거라고! 개 코, dog nose가 아니란 말이야."

"어쨌든 개 코가 유리 벽을 탄다고? 발에서 접착제라도 나오나?"

"응, 맞아!"

"정말? 농담이지?"

이제야 좀 호기심이 발동하나 보네요. 장난 그만 하고 슬슬 게코도마뱀에 대해서 이야기해 줘야 할 것 같아요.

"우리 게코도마뱀 보러 갈까? 직접 보면서 설명을 들으면 더 재미있을 것 같은데 말이야."

"좋았어! 동물원에 빨리 가자."

어디 놀러 간다는 소리로 들었나 봐요. 놀러 가는 게 아니라 게코도마뱀을 보고 벽을 얼마나 잘 타는지, 어떻게 유리 벽을 미끄러지지도 않고 기어 올라가는지 살펴보려는 것인데 말이지요. 사실 전에 과학반에서 생명과학 체험박물관에 간 적이 있었는데, 그곳에 게코도마뱀이 있었거든요.

"도마뱀붙이를 보러 왔다고? 게코는 저기 있다."

박물관에 도착하자마자 게코부터 찾았더니 체험관에서 동물을 돌보는 선생님께서 친절하게 안내를 해 주셨어요. 선생님께서 알려 준 곳으로 갔는데, 역시나 게코도마뱀이 유리 벽에 딱 달라붙어 있는 거예요.

"우아, 정말 벽에 딱 붙어 있네!"

미믹이 신나서 이쪽저쪽 옮겨 다니며 게코도마뱀 발바닥을 관찰합니다. 어디서 접착제가 나오나 보려는 거겠지요.

"선생님, 과학자들이 게코도마뱀의 벽 타는 기술을 연구하고 있다던데 자세히 좀 설명해 주세요."

"너희도 그게 궁금해서 왔구나? 요즘 게코도마뱀이 스파이더맨처럼 63빌딩도 타고 오를 수 있느냐고 질문하는 친구들이 아주 많단다. 이걸 보렴."

선생님께서 게코도마뱀이 들어 있는 상자 옆 안내판에 붙은 자료를 보여 주시면서 하나하나 설명해 주셨어요.

2000년 미국 캘리포니아 주에 있는 버클리대학교 연구팀이 《네이처 메터리얼》이라는 과학 잡지에 게코도마뱀이 미끄러지지 않고 벽을 걸어 올라가는 이유를 발표했대요. 게코도마뱀은 파리나 모기보다 훨씬 무겁고, 더구나 발바닥이 매끄러운데도 기막히게 벽을 잘 타는 이유를 연구했던 거예요. 반데르발스 힘이 어쩌고, 나노가 어쩌고 하는 내용은 저와 미믹이 이해하기 어려운 내용이었어요. 하지만 선생님께서 아주 쉽게 설명을 다시 해 주셨답니다.

"게코도마뱀 발바닥을 보렴. 어때, 매끈하지? 유리 벽에 올려놓으면 미끄러질 것 같지 않니?"

발바닥이 매끈하면 잘 미끄러져야 하잖아요. 그런데 그 매끈한 발바닥에 뭔가 비밀이 숨어 있다고 하네요.

"게코도마뱀 발바닥에는 수억 개의 가는 털이 있단다. 이런 가는 털을 섬모라고 하는데, 얼마나 가느냐면 200나노미터 굵기래. 나노미터는 1m를 10억 번 나눈 것과 같은 두께야. 1나노는 머리카락 10만분의 1만큼 되는 두께니까 200나노미터면 머리카락을 500번 쪼갠 것과

벽 타기의 명수 게코도마뱀

게코도마뱀은 우리말로 하면 '도마뱀붙이'라는 뜻이에요. 벽이나 나뭇잎 등에 잘 붙는다는 뜻인데, 사진은 토케이 게코도마뱀이 유리 벽에 붙어 있는 모습입니다. 대부분의 게코도마뱀은 발바닥에 섬모라는 아주 가느다란 털이 수없이 많아요. 이 섬모와 유리 벽 사이에 서로 끌어당기는 힘이 생겨서 안정적으로 붙어 있을 수 있어요. 몇몇 게코도마뱀은 벽을 잘 못 타기도 한답니다.

비슷한 굵기겠다."

"선생님! 저 나노는 알아요. 전에 연잎에도 물을 싫어하는 1나노미터 정도의 작은 돌기가 나 있어서 물방울이 맺히지 않고 굴러 떨어지는 거라고 배웠거든요."

"그래, 아주 잘 알고 있구나! 게코도마뱀 발바닥에도 사람의 지문

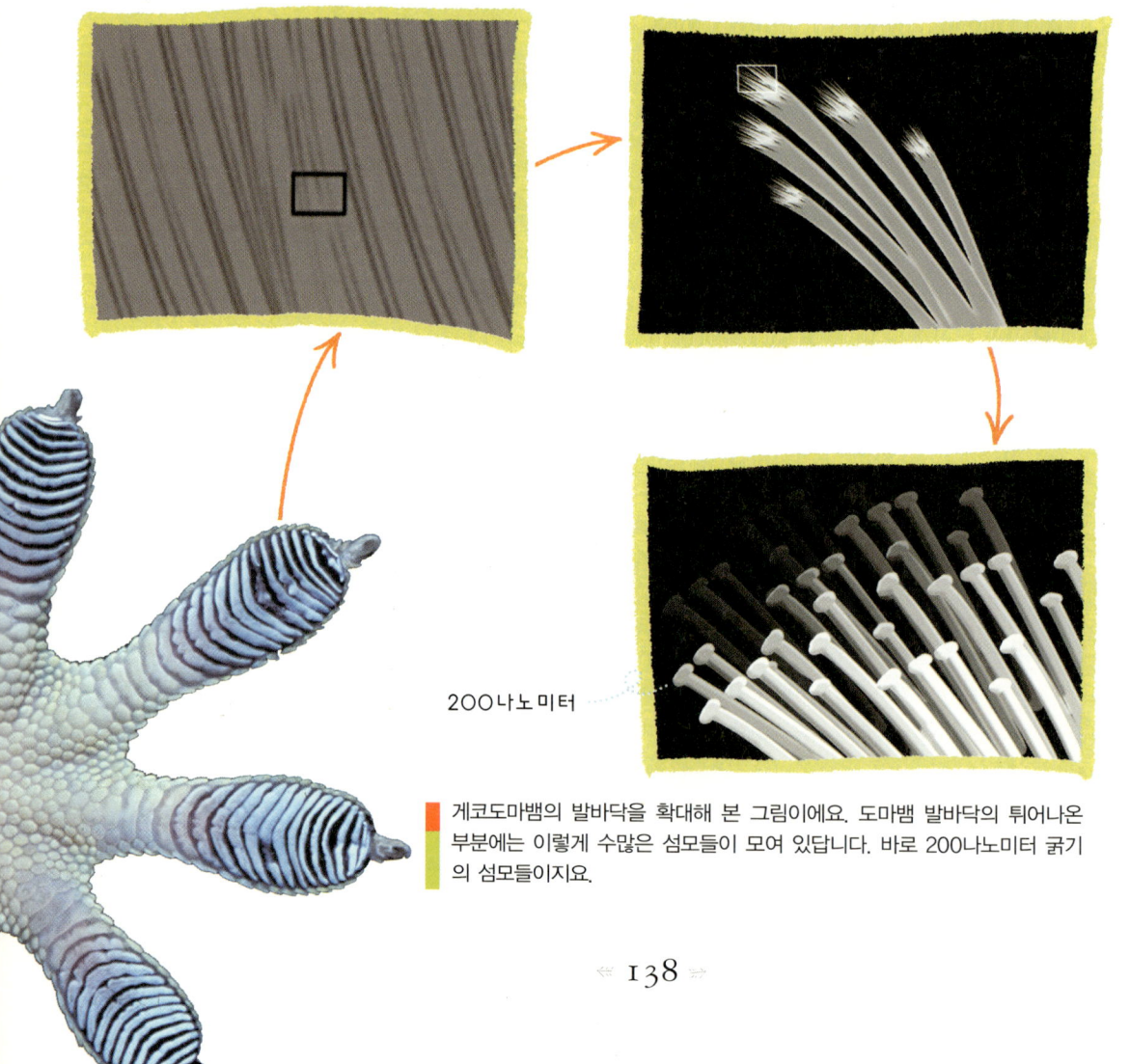

200나노미터

게코도마뱀의 발바닥을 확대해 본 그림이에요. 도마뱀 발바닥의 튀어나온 부분에는 이렇게 수많은 섬모들이 모여 있답니다. 바로 200나노미터 굵기의 섬모들이지요.

처럼 약하게 골이 파여 있는데, 튀어나온 부분에 그렇게 가는 털들이 모여 있다고 생각하면 된단다."

선생님 설명을 듣고 있는 중에도 자꾸 궁금증이 생겼어요. 그 가는 털들이 유리 벽과 어떻게 붙어 있을 수 있다는 것인지 말이에요. 반데르발스 힘, 발바닥에 난 가는 털인 섬모……. 모두 어려운 말들이라 이해가 쉽지 않지요?

"발바닥에 가는 털이 있다는 건 알겠어요. 그런데 그 가는 털이 어떻게 유리 벽에 달라붙어 있을 수 있어요? 누나는 게코도마뱀 발바닥에서 접착제가 나온다던데……."

아이고! 장난 좀 친 걸 선생님께 그대로 말씀드리다니……. 다행히 선생님께서는 한 번 빙그레 웃으시더니 자세히 설명해 주셨어요.

"거미 다리에도 게코도마뱀 발바닥처럼 가는 털이 나 있단다. 원리는 같은 건데……. 아주 작은 분자 수준의 물질들 사이에는 서로 달라붙으려는 힘이 존재해. 그러니까 아주 가는 털과 털 사이, 그리고 가는 털과 벽돌에 솟아 있을 아주 작은 돌기 사이에는 서로 끌어당기는 힘, 바로 '반데르발스 힘'이 작용하는 거지. 그래서 붙을 수 있는 거야. 섬모 하나하나가 갖는 힘은 아주 작지만 수천 개, 수만 개, 수억 개가 모이면 그 힘이 엄청나서 벽에 척 하고 달라붙을 수 있는 거란다."

"와! 그럼 저도 게코처럼 발바닥과 손바닥에 가는 털을 가득 붙이면 63빌딩도 쉽게 올라갈 수 있겠네요?"

"하하하, 그럴지도 모르지!"

아니, 저 녀석 그새 쏜살같이 사라져 버렸습니다. 대체 설명을 듣다 말고 어딜 간 걸까요? 게코도마뱀을 잡으러 갔나……. 어, 저기 좀

보세요. 뭘 저렇게 잔뜩 들고 오는 거죠.

"미믹! 너 뭐 하는 거니? 이 자료나 좀 더 봐."

"누나, 좀 기다려 봐! 나 손바닥이랑 발바닥에 털 좀 붙여 보게."

어이구, 정말 못 말리겠네요. 조금만 기다려 보세요. 미믹이 곧 실을 잔뜩 붙이고 뛰어다닐 테니까요. 나노미터 수준이라고 했는데, 저 녀석 제대로 이해도 못 했으면서 행동은 재빠릅니다.

"미믹, 이리 와! 그렇게 하면 안 붙는단 말이야. 나노미터 수준의 아주 가는 털이라고 하셨잖아."

"그냥 둬라. 많은 유명한 과학자들도 어린 시절에는 저렇게 엉뚱한 호기심을 해결하면서 보냈단다."

선생님은 뛰어가는 미믹을 흐뭇한 눈으로 쳐다보고 계십니다. 그러고는 곧 게코도마뱀 발바닥을 응용해 만든, 유리 벽을 기어오르는 로봇에 대한 신문 자료를 제게 주셨어요.

"게코도마뱀 발바닥을 응용해서 만들 수 있는 것들이 정말 많네요?"

"그래. 우리나라에서도 여러 대학에서 연구하고 있단다. 우주에서도,

2006년 《타임》지가 뽑은 최고의 발명품, 도마뱀 로봇!

미국 스탠퍼드대학교 박사 과정에 있는 김상배 씨와 마크 컷코스키 교수팀은 2006년 6월 도마뱀 모양 로봇 '스티키봇'이 벽을 타고 오르는 모습을 공개했다. 스티키봇은 지름 10마이크로미터(100만분의 1미터)의 가느다란 털 수백 개를 발가락 끝에 붙여 도마뱀과 같은 원리로 벽에 달라붙을 수 있다.

▌스티키봇(왼쪽). 도마뱀 발바닥을 응용해 옮길 수 있는 웨이퍼(오른쪽).

도마뱀 발바닥은 접착제가 필요 없고, 털이 빠지거나 하지도 않으며, 잘 붙고 잘 떨어진다는 점에서 활용도가 매우 높다. 사람들이 들어가기 어려운 구조물에 침투할 수 있는 로봇에 이용할 수 있고, 우주인은 우주선 밖에 보다 쉽게 매달려 작업을 할 수도 있다. 청정 진공 상태를 유지해야 하는 반도체 제작 공정에서 반도체의 몸통이 되는 웨이퍼를 옮기는 기계에도 붙여서 이용할 수 있다.

반도체 제작에도 게코도마뱀 발바닥을 활용할 날이 곧 올 거야!"

"하긴 이렇게 도마뱀 로봇이 유리판을 기어 다닐 정도가 됐으니까 곧 여러 분야에 사용될 것 같네요."

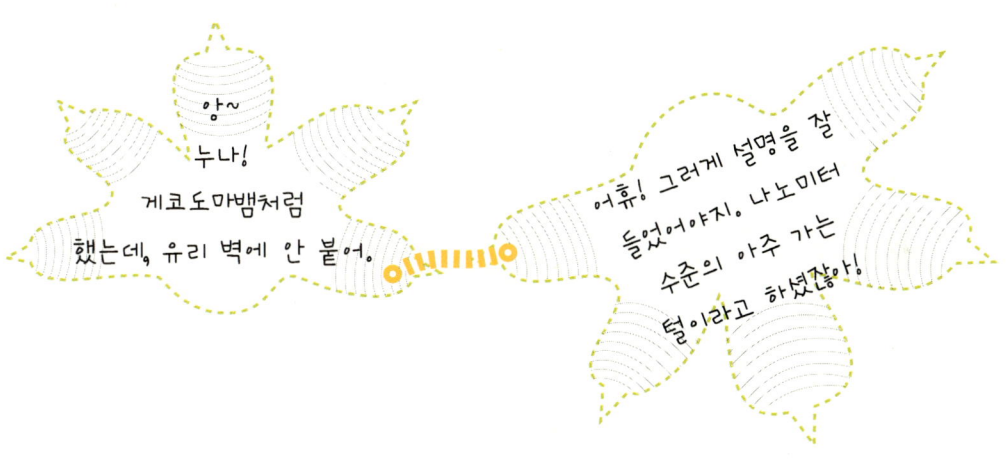

아는 만큼 커지는 생각 보따리

앗, SF 영화가 현실로!

평범하고 내성적인 고등학생이, 어느 날 우연히 방사능에 감염된 거미에게 물린다는 이야기로 시작하는 〈스파이더맨〉. 미믹은 슈퍼맨만큼이나 스파이더맨을 좋아합니다. 주인공 피터는 거미에 물린 뒤 거미처럼 손에서(거미는 배 꽁무니에서 나오지만…….) 거미줄이 뻗어 나오고 벽을 기어오를 수 있는 능력을 갖게 되었지요. 솔직히 거미가 문다고 스파이더맨이 될 수 있겠어요? 거미에게 물렸다고 유전자 조작이 일어난다는 건 영화 속에서나 가능한 이야기입니다.

하지만 스파이더맨처럼 유리로 된 건물 벽을 타고 오르는 건 곧 가능해질지도 모르겠습니다. 게코도마뱀 발바닥을 연구하는 과학자들 덕분에 말이에요.

또 TV에서 국제우주정거장에 갔던 우주인들이 우주 왕복선과 국제우주정거장의 수리를 위해 우주 공간에 매달려 작업하는 모습도 보았을 거예요. 아주 아슬아슬해 보이지요. 하지만 게코도마뱀 발바닥 연구만 성공한다면 우주인도 캄캄한 우주 공간에 위험하게 매달려 있을

필요가 없습니다. 벽면에 달라붙는 손과 발바닥 장비를 이용해서 우주정거장 벽면에 두 발로 버티고 서서 작업을 할 수 있을 테니까요.

공상과학 만화나 영화 속에서나 가능하다고 생각했던 일들이 현실에서 이루어질 날이 얼마 남지 않았다니 정말 꿈만 같죠? 이렇게 꿈같은 이야기를 현실로 만들어 내는 과학자들은 정말 대단한 분들이랍니다. 게코도마뱀 연구가 더 진행되면 또 어떤 일들이 가능해질까요? 공상과학 영화를 보듯 머릿속에 한번 그려 보세요.

12
저항을 잡은 전신 수영복

뭐라고? 아이쿠 머리야……。

누나, 우리도 어서 상어 잡으러 가자!

나는야 바다의 왕자, 상어보다 빠르게

가족과 함께 올림픽 수영 경기 중계를 보는 중이었어요. 그런데 자세히 보니 유명한 선수들이 입고 나온 수영복이 우리가 입는 것과 달랐어요. 우리가 입는 수영복은 아주 작은 것인데, 어떤 선수들은 머리부터 발까지 다 덮는 수영복을 입고 있는 거예요. 수영 대회는 누가 얼마나 빨리 수영을 하는지 겨루는 대회잖아요. 저렇게 거추장스러운 수영복을 입으면 느려질 것만 같아서 걱정이 되더라고요. 그래서 저도 모르게 이렇게 말했지요.

"저렇게 긴 옷을 입으면 어떡해! 쯧쯧……. 가난한 나라 선수들인가?"

"저건 보통 옷감으로 만든 수영복이 아니란다."

"네? 보통 옷감이 아니라고요?"

"그래, 저 수영복에는 과학이 숨어 있어."

"아빠도 참! 겨우 저런 수영복 하나에 과학이 숨어 있다니요."

미믹은 아빠 말씀을 믿으려 하지 않고 산통을 깼습니다. 그러자 아빠는 누가 우승하는지 잘 보라고 말씀하셨어요. 그런데 신기한 일이 일어났답니다. 정말로 온몸을 덮는 전신 수영복을 입은 선수가 금메달을 딴 거예요.

"아빠, 정말 긴 수영복을 입은 선수가 1등을 했네요. 왜 그런 거예요?"

"그건 말이야, 상어를 본떠서 만든 수영복을 입었기 때문이란다."

"상어? 바다에 사는 무시무시한 상어 말이에요?"

미믹이 팔을 크게 벌리며 말했어요.

상어 비늘을 본떠 개발한 첨단 소재로 만든 전신 수영복은 1999년 국제수영연맹의 승인을 얻어 경기복으로 사용되면서 2000년 시드니 올림픽에서 17개의 신기록을 낼 만큼 물의 저항을 최대한 줄여 주었답니다.

"그래, 바다에 사는 상어! 원래 물속에서 헤엄을 치게 되면 저항력의 방해를 받게 돼. 생긴 모양에 따라서 달라지는 저항을 '형상 저항'이라고 하고, 표면 마찰 때문에 생기는 저항을 '표면 마찰 저항'이라고 하지. 그러니까 빠른 속도로 헤엄을 치려면 이 두 가지 저항을 최대한 줄여야 해."

"그런데 그게 상어와 무슨 상관이 있어요?"

상어 피부를 확대해 보면 무수히 많은 돌기들이 나 있어요. 이것을 '리블렛'이라고 합니다. 이 리블렛이 상어가 빠르게 헤엄칠 수 있도록 움직임을 방해하는 저항을 최소화해 준답니다.

"상어는 덩치가 큰데도 아주 빠른 속도로 헤엄을 칠 수 있어. 그 이유는 상어의 피부 표면이 특이하게 생겼기 때문이야. 과학자들이 상어 비늘을 관찰했더니 아주 작은 돌기들이 무수히 나 있었어. 그 돌기들을 '리블렛'이라고 부른단다. 리블렛은 작은 갈비뼈라는 뜻인데, 상어 비늘의 돌기들이 마치 작은 갈비뼈 모양으로 생겨서 그렇게 부르지. 바로 이 리블렛이 움직임을 방해하는 흐름을 멀리 쫓아내기 때문에 상어가 빨리 헤엄칠 수 있는 거야."

"아빠, 스포츠카는 매끈하게 디자인 된 것이 공기의 저항을 덜 받아 속도를 더 낼 수 있다고 하잖아요. 그런데 어떻게 울퉁불퉁하게 생긴 것이 매끄러운 것보다 저항을 덜 받는다는 거예요?"

"누나도 그렇게 생각하지? 아빠, 말도 안 돼요!"

"하하! 그래, 우리 이지와 미믹이 생각보다 예리하구나. 보통은 매끄러운 것이 저항을 덜 받는다고 생각하지. 그런데 상어의 리블렛이 그런 상식을 뒤엎었어. 실험을 해 보니까 리블렛처럼 아주 작은 돌기가 있을 때 오히려 저항이 더 작아지더라는 거야. 골프공을 매끄럽게 만들지 않고 울퉁불퉁하게 만드는 것도 날아갈 때의 공기 저항을 줄이기 위해서 그런 거란다. 어때, 신기하지?"

"네, 신기해요! 그러면 수영 선수들이 입는 수영복은 상어 비늘을 붙여서 만든 건가요?"

"그건 아니야. 상어를 잡아다 수영복을 만들 수는 없고, 대신 상어

더 높이, 더 멀리, 골프공의 과학

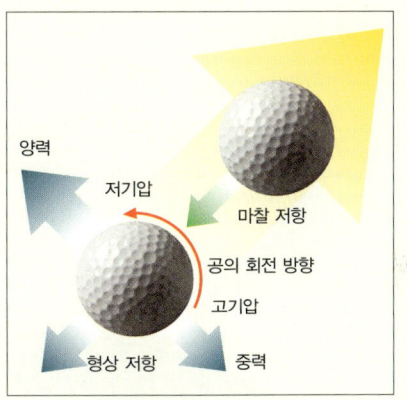

골프공이 1845년 처음 만들어졌을 때는 표면이 탁구공처럼 매끄러웠어요. 그러나 표면에 흠집이 생긴 공이 훨씬 더 멀리 나간다는 사실을 알게 된 뒤부터 울퉁불퉁하게 만들었지요. 최근에는 골프공에 딤플(구멍)의 모양이나 배치를 달리해 공중에 떠 있는 시간을 늘리고 방향성을 좋게 하는 연구를 하고 있어요. 골프공을 때리면 위로 뜨게 되는데, 공에 작용하는 양력(위로 향하는 힘)과 중력(아래로 잡아당기는 힘) 중 양력이 중력보다 크기 때문이에요. 또 날아가는 공은 공기의 저항을 받게 되지요. 공기 저항은 공의 앞뒤 표면에 작용하는 압력 차이 때문에 생기는 형상 저항과 공기와의 마찰로 생기는 마찰 저항 두 가지가 있어요. 날아가는 공의 경우 전체 저항의 대부분이 형상 저항이에요. 표면을 울퉁불퉁하게 만든 공은 공기의 섞임이 활발하게 되어 앞뒷면의 압력 차이가 줄어들기 때문에 형상 저항도 감소한답니다.

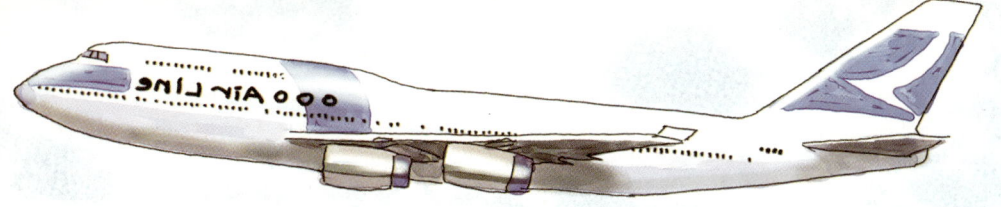

비늘을 본떠서 옷감을 만드는 거야. 먼저 매끄러운 물질로 옷감을 만들고 그 위에 오돌토돌하게 돌기를 만들어 붙이는 거지. 마치 상어의 리블렛처럼 말이다."

"휴~ 다행이다. 전 그것도 모르고 상어를 잡아야 전신 수영복을 만들 수 있는 줄 알았어요. 그러다 상어가 멸종하면 어쩌나 걱정했다구요."

"역시 내 딸은 마음씨도 착하지. 동물 걱정까지 하고 말이야. 미믹, 너도 누나를 본받으렴!"

"쳇, 아빠는 항상 누나만 칭찬해. 저도 상어 걱정했어요, 뭐! 여기 보세요, 눈물까지 흘렸잖아요."

"거짓말쟁이, 입술에 침이나 바르고 말해."

"이거 아빠가 괜한 말을 해서 말싸움을 만들었구나. 사과하는 뜻에서 재미있는 이야기 하나 더 해 줄까?"

"네!"

"상어 비늘을 본떠서 만든 것 중에는 다른 것들도 있단다. 어느 항공사에서는 비행기 표면에 상어 비늘처럼 만든 필름을 붙여서 조금이나마 공기 저항을 줄일 수 있었지. 공기 저항이 줄어들면 연료를 아낄 수 있으니까 경제적으로도 이익이란다. 또 다른 회사에서는 자동차 타이어에 상어 비늘을 응용하기도 했어. 사실 잠수함이나 요트 등 공기나 물의 저항을 받는 탈것에는 모두 상어 비늘의 돌기를 응용할 수

 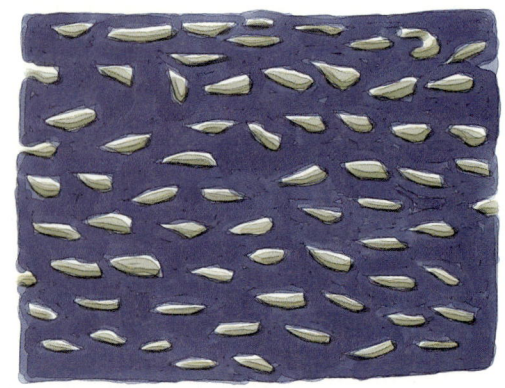

▌상어에 이어 시속 110km의 속력을 내는 돛새치 피부에 대한 연구가 이루어지고 있어요. 돛새치의 피부는 상어처럼 특이한 구조를 보이는데, 상어의 리블렛 구조보다 그 크기가 커서 청소가 가능하다는 장점이 있다고 해요.

있지."

"아까부터 궁금한 게 있었어요. 바다에서는 상어가 가장 빠른 동물인가요? 그래서 상어를 흉내 내기로 한 거겠죠?"

"아주 좋은 질문이구나. 사실 상어가 가장 빠른 건 아니란다. 상어보다 빠른 물고기들도 여럿 있지. 가장 빠른 물고기는 돛새치라고 하는 건데, 무려 시속 110km의 속도로 헤엄을 친단다. 돛새치는 상어와는 달리 눈에 보이는 큰 돌기를 가지고 있어. 어떻게 해서 그렇게 빠른 속도로 헤엄을 칠 수 있는지 연구하는 중이지. 그걸 알게 되면 훨씬 더 좋은 수영복을 만들 수도 있을 거야."

"아빠, 저도 전신 수영복 사 주세요. 제가 올림픽에 나가서 금메달 따다 드릴게요, 네?"

"여보세요, 미믹 선수! 수영 연습이나 하세요. 튜브 없으면 물에 뜨지도 못하면서 웬 금메달?"

"걱정 마! 지금부터 열심히 연습할 테니까."

"하하. 그럼 기대해 봐야겠구나. 그런데 미믹, 전신 수영복은 혼자 입지도 못한대. 무려 네 사람이 도와줘야 입을 수 있고, 입는 데 시간도 꽤 걸린단다. 또 두세 번만 입어도 성능이 떨어지기 때문에 경기를 할 때마다 새 수영복으로 갈아입어야만 해."

"금메달을 위해서라면 그 정도는 참을 수 있어요!"

어느새 미믹의 꿈이 수영 선수로 바뀌었나 봅니다. 미믹의 진짜 꿈은 무엇일까요?

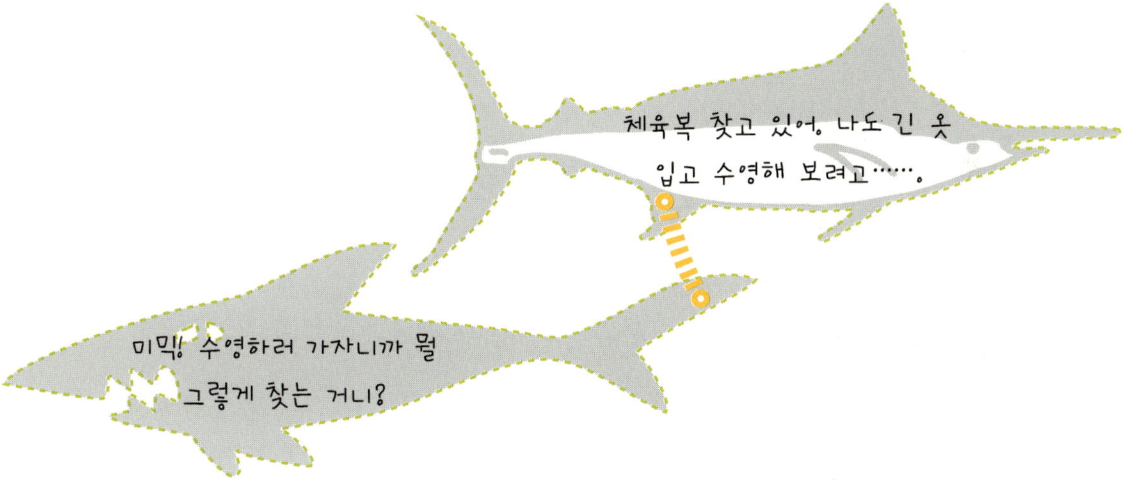

체육복 찾고 있어. 나도 긴 옷 입고 수영해 보려고……

미믹! 수영하러 가자니까 뭘 그렇게 찾는 거니?

아는 만큼 커지는 생각 보따리

천재 과학자, 파인먼을 길러 낸 실험과 관찰

양자 역학(물질을 구성하는 미세한 알갱이인 입자나 입자 집단을 다루는 현대 물리학의 기초 이론)의 발전에 큰 공헌을 한 미국의 물리학자 파인먼을 아시나요? 세계적인 물리학자, 파인먼의 어린 시절은 어땠을까요?

어느 날, 어린 파인먼이 장난감 차에 공을 올려놓고 끈으로 잡아당기며 놀고 있었답니다. 한참 놀이를 하다가 문득 이상한 생각이 들었어요. 장난감 차를 끌어당길 때 공이 자꾸 뒤로 굴러 떨어지는 거예요. 또 반대로, 달리고 있는 장난감 차를 멈추면 차 위에 있던 공이 급하게 앞으로 굴러 떨어지고요. 이유가 궁금했던 파인먼은 아버지께 물어보았어요.

파인먼의 아버지는 대답을 해 주는 대신 파인먼에게 실험을 하도록 했답니다. 바닥 위에 빨대를 1cm 간격으로 1m 정도 나열한 다음, 반으로 자른 우유 팩에 실을 매달아서 빨대 위에 놓습니다. 그리고 팩 위에 유리구슬을 올려놓고 실을 당겨 달리게 하거나, 달리고 있는 팩을 급하게 정지시켜 보는 거예요. 그리고 유리구슬이 어떤 움직임을 보이는지 살펴보는 거지요.

파인먼의 아버지는 유리구슬과 장난감 차 운동의 상대성과 관성에 대해 파인먼 스스로 생각할 수 있는 기회를 준 거예요. 직접 실험을 하면서 골똘하게 생각하던 파인먼은 무엇을 깨달았을까요?

먼저, 물질은 보는 사람에 따라 움직이고 있는 것으로 볼 수도 있고, 정지하고 있는 것으로 볼 수도 있다는 걸 알게 됐어요. 운동의 상대성이지요.

그리고 움직이고 있는 것은 계속해서 움직이려고 하고, 정지하고 있는 것은 새로운 힘이 가해지지 않으면 움직이려고 하지 않는다는 관성의 법칙도 알게 됐어요. 직접 실험을 통해서 깨달은 덕분에 파인먼은 과학의 모든 분야에 끊임없이 흥미를 갖게 되었고, 세계적인 과학자가 될 수 있었답니다.

파인먼은 늘 이야기했어요. 어릴 적부터 아버지에게 이 세상이 얼마나 흥미로운 것인가를 배웠다고요. 손을 잡고 숲 속을 거닐며 새들에 대한 설명을 듣고, 백과사전을 읽으며 자연스럽게 과학을 접했던 거지요. 아무 생각 없이 외우기보다 호기심과 열린 마음으로 주변을 살피고 이해하는 방법을 배운 거예요. 특히 파인먼은 직접 실험을 해 보면서 이론이나 공식을 외우지 않고서도 과학적인 내용을 알아 갈 수 있었어요.

백 번 듣는 것보다는 한 번 보는 것이 낫고, 백 번 보는 것보다는 한 번 해 보는 것이 훨씬 효과적으로 이해하고, 오래 기억할 수 있지요. 수업 시간에 들은 내용이 이해가 안 가세요? 그럼 책을 읽거나 수업 시간에 들은 내용을 직접 찾아보고, 실험을 하면서 이해하고 기억해 보는 건 어떨까요?

누나 가만히 좀 있어 봐, 사진 찍게. 내 눈 카메라로 찍으면 머리에 기억된다니까!

정말 못 말리겠다!

13
내 눈을 닮은 카메라 이야기

눈과 카메라의 공통점 찾기

 "자! 지금부터 재미있는 쇼를 시작하겠습니다. 모두 거실로 모여 주세요."

 저녁을 먹고 방에서 조용히 책을 읽고 있는데, 거실에서 아빠 목소리가 들렸어요. 무슨 일인지 궁금해진 저는 얼른 거실로 나갔지요. 한참 컴퓨터 게임에 빠져 있던 미믹도 귀가 솔깃해서는 얼른 뛰어나왔습니다.

 엄마와 아빠는 가족이 다 모이자 리모컨을 이용해 네모난 기계를 켜시고는 형광등을 끄셨어요. 그러자 기계에서 밝은 빛이 뻗어 나가더니 반대편 벽에 커다란 화면을 만들었어요. 화면 속에는 눈을 동그랗게 뜨고 있는 아기가 들어 있었지요.

 "아빠, 저 아기는 누구예요?"

 "누군지 한번 맞춰 보렴."

"혹시 아빠?"

"딩동댕! 저건 아빠의 백일 사진이란다. 빔 프로젝터를 산 기념으로 가족사진 쇼를 해 보자꾸나!"

우리 가족은 모처럼 옛날 사진을 구경하면서 즐거운 시간을 보냈어요. 엄마 아빠의 어릴 적 사진에는 흑백사진이 많았고, 미믹과 제 사진은 다 컬러사진이었어요.

"엄마랑 아빠의 아기 때 모습을 보니까 정말 신기해요!"

"맞아, 진짜 신기해!"

미믹은 부모님이 자신보다 어린 아기 시절이 있었던 게 마냥 신기한가 봐요.

"그런데, 아빠! 카메라가 맨 처음 발명된 건 언제예요?"

"좋아, 그럼 오늘은 카메라에 대한 공부를 해 볼까?"

"으아~ 또 공부!"

입으로는 투덜거리면서도 다음 설명을 기다리는 눈치예요. 미믹 눈을 보세요! 초롱초롱 반짝이고 있잖아요.

"카메라라는 말은 '카메라옵스큐라'라는 라틴 어에서 따온 거라고 해. '어두운 방'이라는 뜻이지. 지금으로부터 700~800년 전에 어두운 방을 만들어서 지붕이나 벽 같은 곳에 작은 구멍을 뚫은 다음,

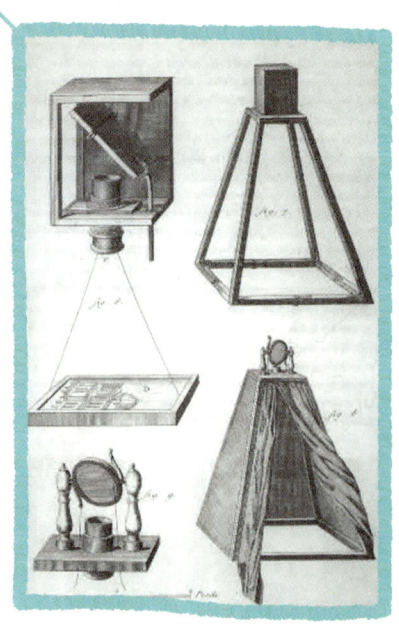

'어두운 방'에서 시작된 카메라의 초기 형태를 나타낸 그림(오른쪽)과, 어두운 방의 원리를 이용해 카메라옵스큐라를 만드는 방법을 그림으로 그려 놓은 것입니다(왼쪽).

그 구멍을 통해서 반대쪽 벽에 바깥 풍경이 비쳐 보이게 했다는구나. 그러다 그 어두운 방의 크기를 점점 작게 만들어서 필요한 곳으로 쉽게 옮겨 가지고 다니며 사용할 수 있도록 한 거지."

"누가 그런 걸 만든 거예요?"

"누가 맨 처음 어둠의 방을 만들었는지에 대해서는 여러 가지 이야기가 있어. 베이컨, 레오나르도 다 빈치, 포르타 등 여러 사람의 이름이 오르내리고 있지. 그런데 너희가 궁금해하는 '사진기'가 처음 나온 건 그보다 훨씬 뒤의 일이야. 어떤 순간을 그대로 고정시켜서 오래 두고 볼 수 있게 만드는 사진기가 나온 것은 200년도 채 안 됐으니까 말이다."

200년이라……. 그래도 생각보다는 꽤 오래전이네요. 요즘처럼 편한 카메라가 나오기 전까지 정말 다양한 카메라들이 많이 있었겠죠? 지금까지도 카메라의 성능은 날이 갈수록 좋아지고 있으니까 말이에요.

"아빠가 어렸을 때만 해도 흑백사진밖에 찍을 수 없었는데 지금은 컬러사진을 많이 찍잖니. 또 아주 멀리 있는 것까지 찍을 수 있게 해 주는 망원 렌즈가 있는가 하면, 아주 가까이 있는 사물을 찍을 수 있는 매크로렌즈라는 것도 있단다. 그뿐만이 아니야. 예전에는 초점을 일일이 수동으로 맞춰야 했는데, 지금은 카메라가 자동으로 초점을 맞춰 주기 때문에 너희 같은 어린아이도 자동카메라만 있으면 사진을 찍을 수 있지."

하긴 요즘은 필름이 필요 없는 디지털카메라까지 나와서 찍자마자 사진을 확인할 수 있으니 카메라도 정말 엄청난 발전을 한 거네요.

"저 같은 아이들도 사진을 찍을 수 있다면서 왜 저한테 카메라는 안 사 주세요?"

틈만 나면 투덜거리는 미믹에게 투덜이라는 별명을 하나 더 붙여 줘야겠어요. 한참 재미있게 설명을 듣고 있는데 훼방만 놓고 말이죠.

어두운 방에서 디지털카메라까지

카메라의 근원인 '카메라옵스큐라'는 '어두운 방'이라는 뜻을 가지고 있어요. 지붕이나 벽 등에 작은 구멍을 뚫고 그 반대쪽의 하얀 벽에 실제 모습을 거꾸로 찍어 내는 장치로, 바늘구멍 사진기를 생각하면 됩니다. 사진을 남기기 위함보다는 그림을 더욱 사실적으로 그리기 위한 도구로 사용되었지요.

이후 1839년 파리 아카데미에서 발표된 '다게레오타입'은 현재 사진의 기초가 되었지요. 카메라옵스큐라와 달리 처음부터 화상을 고정시키는 사진을 촬영하기 위한 목적으로 사용되었어요.

1900년대에 들어서면서 오늘날 카메라의 토대가 되는 제품들이 나왔답니다. 1925년 독일인 O. 바르낙이 설계한 '라이카'는 좀 더 발전된 모델로 현재까지 사용되고 있지요. 또 하나가 1929년 프랑게하이데케사(현재 롤라이 사)의

1800년대의 카메라옵스큐라

"미믹, 괜히 떼쓰지 말고 제대로 된 질문을 하란 말이야! 아빠, 이제 카메라가 어떤 원리로 사진을 찍는지 알려 주세요."

"하하하. 오늘도 이지가 누나 노릇을 하는구나. 미믹, 사진 찍고 싶을 때는 말만 하렴. 집에 있는 카메라를 함께 쓰면 되잖아. 그건 그렇고 지금부터 카메라의 원리를 이야기해 주마. 카메라는 사람을 본떠서 만들었단다."

"에이, 말도 안 돼. 카메라랑 사람이랑 어디가 닮았어요?"

롤라이플렉스인데, 이 카메라들이 현재 소형 카메라의 기초가 되었답니다. 필름을 사용하지 않는 디지털카메라는 1981년 소니의 스틸비디오 카메라인 '마비카'가 최초예요. 필름 대신 플로피디스크를 이용해 영상을 기록하는 방식이었지요. 디지털카메라가 아날로그 방식에서 디지털 방식으로 진화된 것은 1990년 다이캠의 출시부터예요. 이후 끝없이 진화한 디지털카메라는 크기, 디자인, 화질, 제조사, 기능에 따라 발전에 발전을 거듭하면서 수없이 많은 제품들이 쏟아져 나오고 있답니다.

다게레오타입 카메라

다게레오타입 카메라로 찍은 사진

"그래, 겉보기엔 달라 보이지. 하지만 카메라는 사람을, 더 정확하게 말하면 사람의 눈을 본떠서 만든 거야. 너희도 학교에서 눈에 대해 배웠지?"

"네~에!!"

오랜만에 미믹과 제가 한마음이 되었네요.

"우리가 무엇을 본다는 건 이런 거야. 일단 바깥의 빛이 수정체를 통해 눈으로 들어가면 망막에 상이 맺히게 되고, 그것이 시신경을 통해 뇌로 전달되는 거지. 이때 수정체 앞에서 홍채라는 얇은 막이 빛의 양을 조절해 주게 돼. 밝은 곳에서 갑자기 어두운 곳으로 들어가면 앞이 잘 보이지 않다가, 조금 지나면 나아지는 걸 너희도 경험해 봤을 거야. 이게 바로 홍채가 하는 일이란다."

"그럼 카메라에도 수정체나 홍채의 역할을 하는 것들이 있어요?"

"그래. 카메라에서 수정체와 같은 역할을 하는 것이 렌즈, 홍채 역할을 하는 것이 조리개란다. 조리개를 많이 열면 빛이 많이 들어오고 적게 열면 적게 들어오는 거야. 조리개 말고도 빛을 조절하는 게 또 있는데, 바로 너희도 잘 아는 셔터란다. 셔터를 누르지 않으면 사진이 찍히지 않는 것 알지? 셔터는 눈꺼풀과 마찬가지야. 눈꺼풀도 우리 눈에서 빛의 양을 조절하는 기능을 하지."

"그럼 누나가 보기 싫을 때 눈을 감으면 안 볼 수 있는 것처럼 사진을 찍기 싫으면 셔터를 닫아 두면 되는 거네요?"

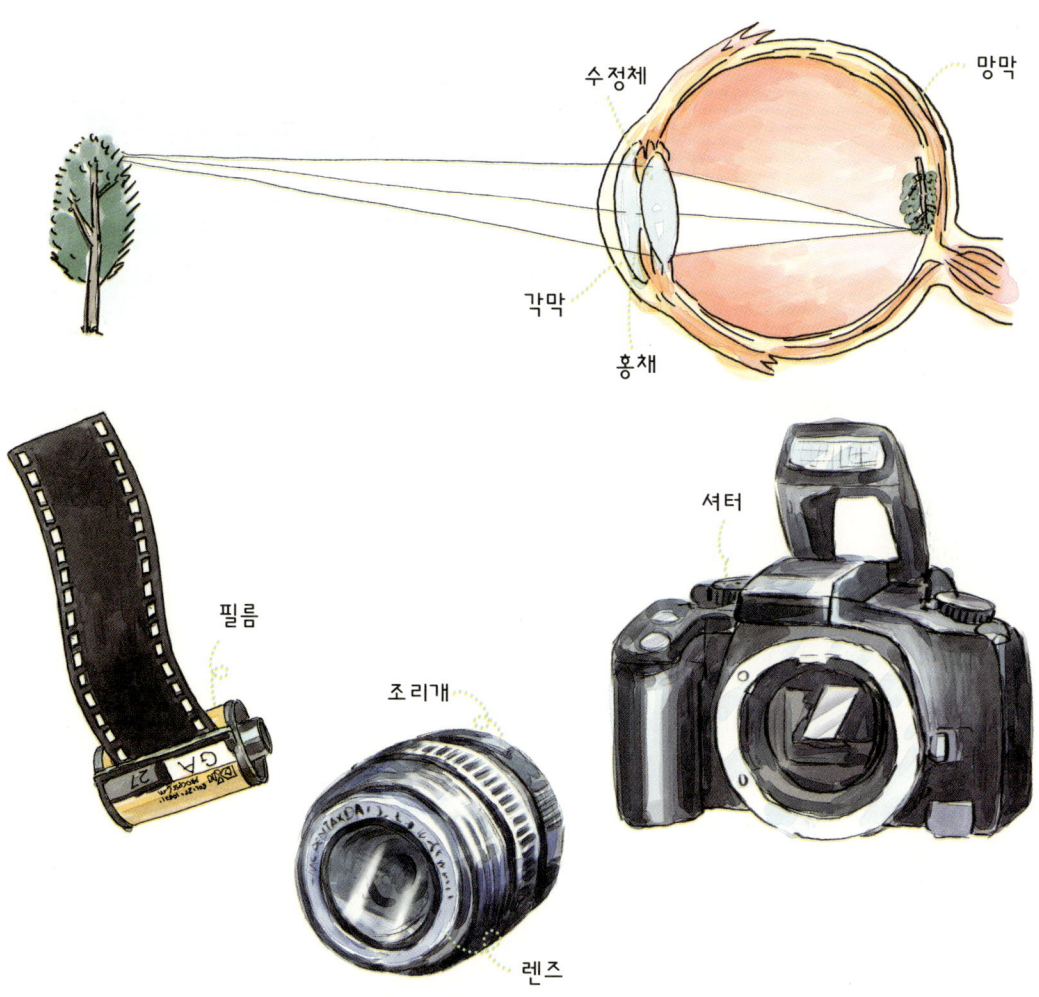

"하하하! 미믹 말이 맞다. 그리고 눈을 뜨고 있는 시간이 짧을수록 적은 빛이 들어가듯이 셔터를 얼마 동안 열어 두는가에 따라서 빛의 양도 달라진단다."

"그럼, 카메라에서 망막과 같은 일은 하는 건 뭐예요?"

"그건 필름 카메라냐 디지털카메라냐에 따라 달라. 지금은 간편한 디지털카메라를 많이 사용하지만 너희가 태어나기 전에는 필름 카메라만 있었어. 필름 카메라에서는 필름이 망막 역할을 하고, 디지털카메라에서는 이미지 센서가 그 역할을 대신하지. 어때, 눈과 카메라는 정말 많이 닮았지? 그렇지만 아주 큰 차이가 하나 있단다."

디지털카메라의 과학

요즘 여러분이 가지고 있는 카메라는 대부분 디지털카메라지요? 디지털카메라는 상을 필름에 담지 않고 CCD라는 감광성 칩에 기록해요. CCD는 픽셀 또는 화소라고 하는 수백만 개의 감광 셀로 이루어져 있는데, 각 셀은 빛의 세기에 따라 다른 전기 신호를 만들어 낸답니다. 그리고 컴퓨터와 연결해서 사진을 출력할 수 있고, 찍은 사진을 뷰파인더 스크린을 통해 바로 확인할 수 있다는 장점이 있어요. 자, 우리가 자주 쓰는 디지털 카메라의 구조를 살펴볼까요?

CCD 수백만 개의 감광 셀로 이루어져 있어요. 먼저 빛의 세기를 전기 신호로 바꾸고, 이 정보들을 재구성해서 화면을 이루는 이미지 정보를 만듭니다.

뷰파인더 스크린 찍은 사진을 소형 컬러 LCD 화면을 통해 보여 줍니다.

아날로그-디지털 컨버터 카메라나 컴퓨터에 이미지 정보를 저장하도록 CCD로부터 이미지 정보를 읽어 디지털화하는 역할을 해요.

ⓒ by jurvetson

디지털-아날로그 컨버터 스크린이나 TV화면으로 보기 위해 디지털화된 이미지를 다시 아날로그 형태로 바꿉니다.

플래시 메모리 카드 이미지 정보를 오랫동안 저장하고, 교환과 삭제가 가능하지요.

메모리칩 이미지 정보를 임시로 저장합니다.

"뭔데요?"

"사람은 관심이 없는 것에는 눈길이 잘 안 가기 때문에 눈앞에 있다고 해서 모두 보는 게 아니야. 같은 장소에 있던 사람들이 서로 다른 것을 보았다고 말하기도 하지. 서로 관심을 가지고 기억하는 게 다르기 때문이야. 하지만 카메라는 그렇지 않단다. 렌즈를 통해 보였던 것들이 그대로 다 찍히잖니. 렌즈를 조절해서 흐리게 만들 수는 있지만 아예 없애지는 못해. 카메라에 대해 공부한 기념으로 너희들 사진이나 한 장 찍어 줄까?"

"네, 찍어 주세요!"

"좋았어! 여기를 보세요~. 하나, 둘, 셋!"

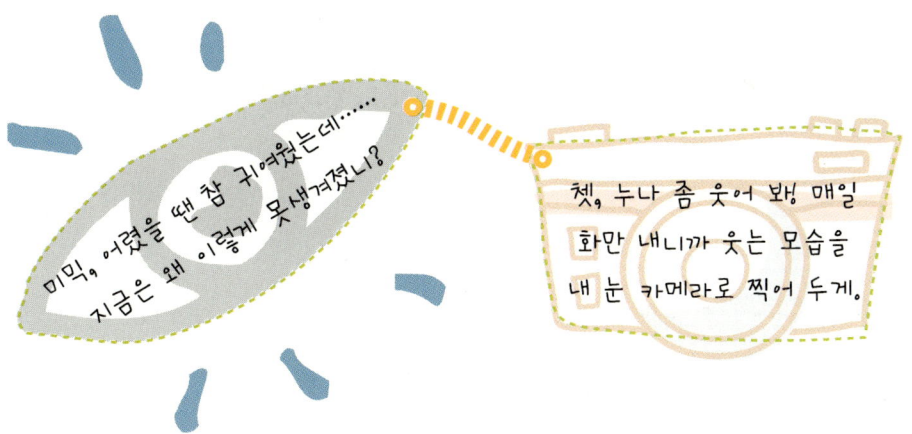

아는 만큼 커지는 생각 보따리

사람의 눈을 쏙 빼닮은 액체 렌즈 이야기

카메라가 사람의 눈을 닮았다니 참 재미있죠? 셔터는 눈꺼풀, 렌즈는 수정체, 빛의 양을 조절하는 조리개는 홍채, 그리고 필름은 망막의 역할을 해요. 그렇다고 카메라와 눈이 똑같은 건 아니에요. 특히 렌즈와 수정체는 다른 점이 많거든요. 렌즈가 수정체 역할을 담당하는 것은 틀림없지만 그 기능은 아직 사람 눈의 수정체처럼 정밀하지 못해요.

우리 눈은 우리가 가까운 곳을 볼 때면 수정체 끝 부분에 연결된 모양체라는 근육이 수정체를 밀어서 두껍게 만들어 주고, 반대로 먼 곳을 볼 때는 근육을 잡아당겨서 수정체를 얇게 만들지요. 방법은 아주 간단하지만 이렇게 수정체의 두께를 조절해 우리 눈이 최상의 상태로 사물을 바라볼 수 있게 해 줍니다. 하지만 카메라는 그렇게 하지 못해요.

카메라 속에는 굴절률이 다른 오목렌즈와 볼록렌즈가 여러 장 겹쳐 있어요. 그리고 이 렌즈들 사이의 거리를 변화시켜 초점을 맞추지요. 여러 장의 렌즈가 필요하기 때문에 가격도 비싸고, 빛의 투과율도 떨어진답니다. 또 카메라의 크기를 줄이는 데도 한계가 있고요. 이런 문제를 해결하려면 렌즈를 사람의 눈과 최대한 닮게 만들어 내는 거겠지요?

마침내 자연을 닮아 가려는 현대 과학은 사람의 눈을 쏙 빼닮은 렌즈를 만들어 냈어요. 바로 '액체 렌즈'라고 불리는 액체 초점렌즈입니다.

액체 렌즈는 지름이 3mm, 길이 2.2mm의 투명한 튜브 안에 물과 기름이 들어 있는 형태로 만들어져 있어요. 물은 전기가 통하지만 기름은 전기가 통하지 않는 성질을 이용한 것이라고 해요. 액체 초점렌즈에서는 물과 기름의 경계면, 즉 물방울이 수정체의 역할을 하고 전기장의 변화가 모양체의 역할을 하지요. 물에 거는 전압을 올리면 렌즈의 두께가 줄어들고, 전압을 낮추면 두께가 늘어나게 됩니다. 우리 눈의 수정체가 가까운 곳을 볼 땐 두껍게, 먼 곳을 볼 땐 얇게 변하는 것처럼 말이에요. 두께뿐만 아니라 물방울의 표면 모양도 볼록, 평면, 오목 렌즈처럼 다양하게 바뀌어요. 초점거리가 자유자재로 바뀌는 다초점렌즈가 되는 것이랍니다.

　이 액체 렌즈가 널리 사용되면 좋은 점이 무엇일까요? 무엇보다 여러 장의 렌즈가 필요하지 않기 때문에 카메라를 싼 비용으로 만들 수 있고, 전기 소모도 적어 배터리의 크기도 많이 줄일 수 있다고 해요. 하지만 액체 렌즈의 가장 큰 장점은 크기를 아주 작게 만들 수 있다는 거예요. 그래서 과학자들은 디지털카메라나 휴대 전화기, 의학용 기구인 내시경 같은 제품에 획기적인 변화가 생길 거라고 기대하고 있답니다.

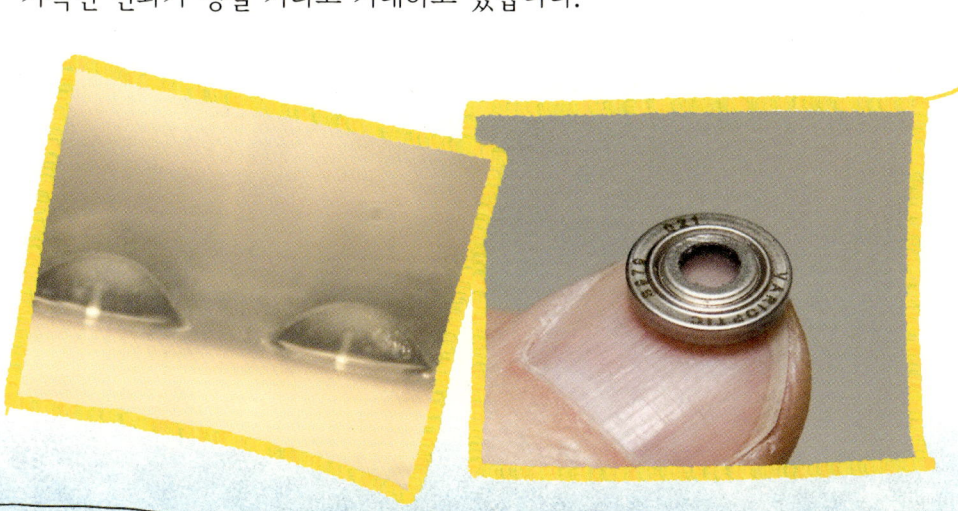

14
강철보다 강한 바이오스틸

또 뭘 하자는 거야?

누나~ 거기 섯! 움직이면 발사해서 생포할 거야.

총알도 막아 내는 거미줄 이야기

이번에는 또 무슨 일을 꾸미는 걸까요? 제 동생 미믹이 우당탕 소리를 내며 뛰어옵니다.

"미믹, 무슨 일이야?"

"누나, 우리 거미 잡으러 가자."

"갑자기 웬 거미? 너 거미는 징그럽다고 싫어하잖아."

"아냐, 누가 거미를 싫어해! 내가 거미를 얼마나 좋아하는데~."

아무래도 수상합니다. 얼마 전 공원에 놀러 갔을 때 미믹은 거미를 보기만 하면 엄살을 떨었거든요. 거미가 물려고 한다나요? 그래 놓고 갑자기 거미를 잡으러 가자니 이상하지요?

"도대체 무슨 일이야? 네가 거미를 언제부터 그렇게 좋아했다고……."

"치……, 바보 같은 누나! 누나는 스파이더맨도 못 봤어?"

"미믹! 너 설마 또 스파이더맨처럼 벽을 기어오르겠다는 소린 아니지? 지난번처럼 손에 실 잔뜩 붙이고 나타날 거니?"

"왜 안 돼? 스파이더맨이 얼마나 멋진데! 손바닥에서 거미줄이 뻗어 나오면 이 건물에서 저 건물로 옮겨 다닐 수도 있고!"

"바보야, 그건 영화라고! 실제로는 그럴 수 없어!"

"아니야! 오늘 거미 박물관에 체험 학습 갔었는데, 거기서 거미 박사님을 만났단 말이야."

"거미 박사님이 널 스파이더맨으로 만들어 주신대?"

"그건 아니지만…… 거미줄이 얼마나 튼튼한지는 알려 주셨어! 그러니까 거미를 잔뜩 잡아서 키우면 나도 스파이더맨이 될 수 있다고!"

역시 엉뚱 소년다운 말이네요. 그러나 하나는 알고 둘은 모르는 소리입니다.

"미믹, 박사님이 설명할 때 장난치느라 띄엄띄엄 들었지? 그렇지?"

사람이 만든 섬유 가운데 가장 강하다는 케블라로 만든 방탄조끼예요.

"어, 어떻게 알았어? 그래도 핵심은 다 파악했다, 뭐!"

창피한지 얼굴이 빨개지는 미믹에게 잘난 척을 좀 해야겠어요. 크크~.

"나도 지난번에 거미 박물관에 갔다 왔잖아. 누나가 제대로 알려 줄 테니 잘 들어 봐!"

저는 일단 가방에서 수첩을 꺼냈습니다. 거미 박사님께 들은 설명을 잘 적어 뒀거든요. 역시 메모는 여러모로 중요한 것 같네요. 시간이 지나면 기억은 흐릿해지기 마련이지만, 기록은 오랫동안 남으니까요.

"우선 거미줄이 튼튼하다는 건 맞는 이야기야. 우리 눈에는 너무 가늘어서 힘이 없어 보이지만 사실은 강철보다도 강해. 지금까지 사람이 만든 섬유 가운데 제일 강한 건 '케블라'라는 거야. 방탄복을 만드는 데 쓰이니까 무척 강하겠지? 케블라는 가벼우면서도 튼튼한 고기능성 섬유야. 하지만 이 케블라도 거미줄에 비하면 아무것도 아니래."

거미줄은 케블라보다 강할 뿐만 아니라 신축성도 훨씬 좋다고 해요. 늘어났다가 다시 원래대로 되돌아가는 성질 말이에요. 만약에 거미줄로 옷감을 만들 수 있다면 강철보다 튼튼하고, 철사 정도 굵기의 거미줄이라면 피아노를 매달아 놓아도 끄떡없답니다.

"그럼, 거미를 많이 키워서 거미줄을 만들게 하면 되잖아."

"그렇게 할 수 있다면 벌써 했겠지. 네가 하는 생각을 남들은 안 했겠니?"

"쳇! 안 했을 수도 있다, 뭐……."

"또 우긴다. 잘 들어 보란 말이야. 거미가 뽕잎만 먹고 자라는 누에

방탄복을 만드는 특수 섬유 케블라보다 강력한 거미줄!

깃털보다 가볍고, 강철보다 강하며, 종잇장보다 얇은 양말이 곧 나올 예정이래요. 일본 나가노 현에 있는 신슈대학 연구원들이 거미의 유전자를 이용해서 실크보다 부드러우면서도 질기고, 모양이나 형태가 잘 변하지 않는 강한 실을 생산해 내는 데 성공했다고 합니다. 이 내용은 2007년 12월 10일 영국 일간지 〈더 타임스〉 인터넷 판에 소개됐어요. 무당거미의 유전자를 누에에 주입해서 거미 단백질 10%가 섞인 고치실을 만들어 냈는데, 이 실은 스타킹이나 테니스 채, 방탄조끼, 외과수술용 실 등에도 사용될 수 있다고 해요. 또 이 실은 나일론과는 달리 시간이 흐르면 자연 분해된다는 장점도 있답니다. 거미줄은 같은 두께의 강철 섬유보다 다섯 배는 더 질기고, 충격 흡수력 역시 방탄복 제조 등에 이용되는 특수 섬유 케블라보다 뛰어나요. 이 연구를 담당했던 나카가키 마사오 교수는 거미 단백질의 함량을 50%까지 늘려서 더 강력한 실을 만들겠다는 목표를 가지고 있다고 합니다.

처럼 얌전한 동물이라면 많이 키워서 거미줄을 뽑아낼 수도 있었을 거야. 하지만 거미는 아무리 같은 종의 거미라도 자기 영역에 들어오면 잡아먹을 정도로 공격적이래. 그러니 한곳에 모아 놓고 키울 수도 없지. 게다가 한 마리가 만들어 내는 거미줄 양이 너무 적어서 경제성도 없다지 아마."

"아깝지만 스파이더맨이 되는 건 포기해야겠네."

"그래도 너무 실망할 필요는 없어. 스파이더맨은 될 수 없겠지만, 거미 흉내를 내서 인공 거미줄을 만들 수는 있으니까. 거미줄에는 여러 가지 종류가 있어. 먹이를 둘둘 말 때 사용하는 것, 집을 만들 때 사용하는 거미줄도 있지. 그중에서 집의 골격을 만들 때나 거미가 낙하할 때 쓰는 '드래그라인' 거미줄이 가장 강해. 과학자들은 드래그라인 거미줄이 무엇으로 만들어져 있는지를 알아내서 그대로 만들어 보기로 했어. 누에고치에서 뽑아낸 섬유를 실크(비단)라고 하는 것처럼 거미가 만든 건 거미 실크라고 불러. 과학자들은 거미 실크가 특이한 구조를 갖고 있다는 사실을 알아냈어."

"거미 실크? 거미 실크로 모기장 만들면 좋겠다. 모기랑 곤충들이 다 거미 실크에 걸려들 것 아냐."

미믹이 또 엉뚱한 생각을 했네요. 하긴 뭐, 엉뚱한 생각도 자꾸 하다 보면 기발한 아이디어가 나오지 않겠어요? 거미줄에 나방이나 곤충들이 걸려드는 걸 생각하면 당연한 생각인지도 모르고요. 어휴, 저런 녀석에게 내가 이런 어려운 이야기를 계속해 줘야 할까요? 그래도 우리 미믹이 조금이라도 과학에 관심을 갖게 하기 위해서는 설명을 해 줘야겠지요?

"거미 실크는 아주 특이한 구조로 되어 있어. 질기고 강한 구조와 신축성이 좋은 구조가 교대로 나타나거든. 그런데 두 부분 모두 복잡한 구조이기 때문에 작은 플라스크 속에서 합성해서는 똑같이 만들기 어렵대. 그래서 생각해 낸 것이 유전자를 이용하는 방법이야. 우선 거미 실크를 만드는 단백질 유전자의 암호를 풀어서 염소의 세포에 그 유전자를 넣었어. 그리고 염소젖을 통해서 거미 실크를 얻어 낸 거야."

"뭐? 염소젖에서 거미줄이 나온다고? 누나 그런 엉터리가 어디 있어!"

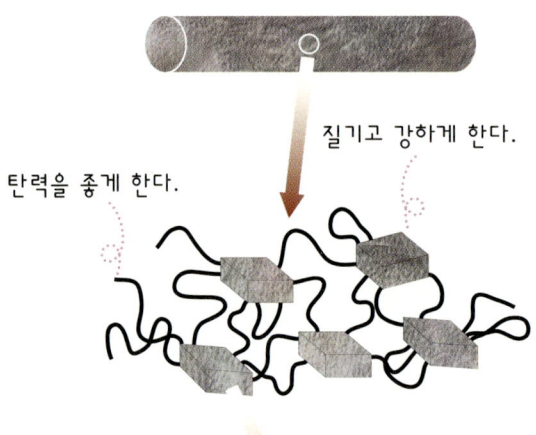

탄력을 좋게 한다.

질기고 강하게 한다.

층층이 겹쳐 놓은 구조로 되어 있어 질기고 강하다.

거미는 특성이 다른 두 종류의 단백질로 구성된 실을 뽑아냅니다. 하나는 좀 더 질기고, 하나는 탄력성이 훨씬 좋아요. 이 두 단백질이 결합하여 강철보다 튼튼하면서도 탄력성이 우수한 거미줄을 만든답니다.

미믹의 반응, 예상했던 대로네요. 저도 처음에 이 소식을 듣고서 의아했거든요. 염소가 젖으로 거미 실크를 내놓다니요. 이해가 안 되겠지만, 좀 더 설명해 볼게요. 저도 처음에는 이해가 안 됐으니까요.

"좀 더 들어 봐. 이렇게 만든 인공 거미줄은 강철만큼 강하다는 뜻으로 '바이오스틸'이라고 불러. 이 방법을 이용하면 환경을 지키는 데도 도움이 돼. 케블라 같은 합성 섬유를 만들 때처럼 해로운 산업 폐기물이 생기지 않거든. 그렇지만 아쉽게도 바이오스틸은 천연 거미줄에 비해 질이 떨어지기 때문에 아직 연구를 더 해야만 해. 사실 바이오스틸을 만들 때만 해도 유전자 암호를 완전하게 다 풀지 못했거든."

"와! 진짜 힘든 일이네~."

"실망하기는 아직 일러. 천재는 1%의 머리와 99%의 노력으로 이루어진다! 에디슨 박사님의 말씀. 드디어 다른 과학자들이 나머지 암호까지 완벽하게 풀었거든."

"진짜? 정말?"

"얘가 속고만 살았나. 정말이야! 그러니까 이제 천연 거미줄만큼 질 좋은 거미 실크를 만드는 건 시간문제라고. 그리고 거미 실크 유전자를 식물에 넣어서 키우게 되면 동물을 기르는 것보다 훨씬 쉬워질 거래. 어때, 멋지지?"

"그런데 인공 거미줄은 어디에 쓰는 거야?"

"그건 맨 처음에 했던 얘기잖아. 튼튼하면서 신축성이 좋은 섬유가 필요한 곳이라고."

"그러니까 그게 어디냐고? 나 같은 어린이에겐 좀 친절하게 설명해 줘야지! 잘난 척은……."

"삐치기 대장, 또 삐쳤구나? 누나가 잘못했어."

"좋아, 한 번 봐줬다. 이제 얘기해 봐."

정말 못 말리는 동생이죠? 누나인 제가 참아야지 어쩌겠어요.

"그럼, 잘 들어 봐. 첫째, 케블라로 방탄복을 만드는 것처럼 거미 실크로도 방탄복을 만들 수 있어. 또 낙하산이나 다른 군사 용품을 만들어도 좋고, 등산복을 만들 수도 있겠지. 아, 맞다! 만날 넘어지는 주인 때문에 심심하면 찢어지는 불쌍한 네 바지도 만들면 좋겠네."

"누나 바지도 자주 찢어지잖아. 나만 가지고 뭐라 그래."

"거미줄은 같은 두께의 강철보다 다섯 배나 강하고 탄성력은 케블라보다도 더 뛰어나. 케블라는 16% 정도 늘어나지만, 거미 실크는 31%나 늘릴 수 있다고 해. 이렇게 강한 거미줄이 개발되면 아주 가늘면서도 강철보다 훨씬 튼튼한 줄을 만들 수 있는 거지."

"그렇게 강하니까 스파이더맨이 건물과 건물 사이를 거미줄 하나에 의지해서 날아다닐 수 있는 거구나. 대단해!"

"또 이 거미줄을 이용해서 상처를 꿰매는 봉합용 실을 만들 수도 있는데, 현재 사용하는 봉합용 실보다 10분의 1 정도로 가늘고, 강도는 훨씬 더 높은 실을 만들 수 있대. 벌써 시험용 제품까지 생산되었다고 하니까 곧 널리 사용될 일만 남은 거지. 또 이 실은 봉합용 실로 이용될 뿐만 아니라 인공 인대로도 이용할 수 있을 거래. 거미줄을 이용한 연구는 정말 끝이 없지 않니?"

"우아! 거미줄, 정말 대단하네."

강철보다 강한 거미줄을 흉내 낸 재료로 옷을 만들면 미믹이 아무리 슈퍼맨, 스파이더맨을 외

▬ 우리 생활의 여러 곳에 도움을 주는 거미줄을 만들어 내는 거미! 이제 보니 사랑스럽기까지 하네요.

치면서 뛰어다니고 굴러도 바지에 구멍 날 일은 없겠죠? 또 낙하산 줄이나 방탄조끼를 만들기 위한 섬유 개발에도 거미줄을 흉내 낸 연구가 계속되고 있다고 합니다. 강력한 총알도 뚫을 수 없는 방탄조끼를 거미줄로 만들 수 있다니 신기하기만 하네요. 또 외과 수술용 봉합 실이 지금 사용하는 것보다 10분의 1만큼 가늘어지고 더 강력해진다니 상처도 그만큼 작게 남을 거고요. 인공 인대로까지 이용될 수 있다는데, 거미줄은 대체 어디까지 이용이 가능한 걸까요?

아는 만큼 커지는 생각 보따리

생각과 느낌을 자유롭게 써 볼까?

'기억은 짧고, 기록은 길다.'는 말을 들어 본 적 있나요? 이 말은 메모, 즉 기록이 중요하다는 말이에요. 공부를 잘하는 친구들에게 물어보면 꼭 한 가지씩 비법이 있어요. 그 가운데 가장 많은 친구들이 비법이라고 말한 것이 있답니다. 바로 '오답 노트'.

오답 노트는 시험을 볼 때마다 틀린 문제를 적어 두어 시험 보기 전에 다시 한 번 확인해 볼 수 있도록 만든 요점 정리를 겸한 기록장이에요. 이런 오답 노트는 고 3 언니 오빠들에게도 유용하게 쓰인답니다. '오답 노트 정리하는 시간에 공부를 좀 더 하는 게 낫다.'고 생각하는 친구들도 많을 거예요. 하지만 오답 노트를 과목별로 정리하다 보면 자신이 어떤 부분에 약한지, 왜 틀렸는지 다시 한 번 생각해 보게 되고 다시는 같은 문제, 비슷한 문제에서 실수하는 일이 없어질 거예요.

또 요즘 논술의 중요성이 부쩍 커지면서 책 읽기와 글쓰기 능력을 길러야 한다며 학교에 들어가기 전부터 논술학원에 다니기도 하죠. 생각과 느낌을 자유롭게 정리해 보는 메모, 기록의 중요성이 여기서도 나타나요. 생각과 느낌을 글로 써 보는 것 하면 생각나는 것이 독후감 쓰기지요. 대부분의 친구들이 정말 싫어하는 게 바로 독후감 쓰기일 거예요. 이럴 땐 좀 더 재미있는 방식으로 자신의 생각과 느낌을 글로 표현하는 방법을 찾아보는 게 좋아요. 예를 들면 매일 써야 하는 일기에 그날 읽은 책의 느낌이나 내용을 써 보는 거예요. 오늘 내게 있었던 일을 정리하면서 자연스럽게 독후감을 적어 보는 거지요. 형식적으로 써야 하는 독후감보다는 자유롭게 적을 수 있을 거예요. 또 책 내용을 복사하거나 요약 정리한 스크랩북 형식으로 만들어 보면 어떨까요? 친구들과 세 명이 한 조가 되어서 한 명이 카드를 한 장씩 넘기면 한 사람은 문제 설명을 하고, 또 한 사람은 답변을 하는 스피드 게임을 즐길 수 있도록 카드 형식으로 정리를 해 보는 것도 좋아요.

책을 읽을 때 옆에 기록장을 두고, 내가 잘 모르는 단어나 내용을 적어 두는 것도 좋아요. 나중에 이 기록장이 훌륭한 나만의 백과사전이 되어 있을 거예요.

문장 표현이 조금 서툴러도 괜찮아요. 자신의 생각과 느낌이 분명히 적혀 있으면 돼요. 거친 문장은 많이 적어 볼수록, 책을 많이 읽을수록 반드시 고쳐지기 마련이거든요. 좋은 글을 쓰려면 좋은 책을 많이 읽고, 기록을 계속해 보는 게 최고랍니다.

15
광합성을 하는 플라스틱 태양 전지?

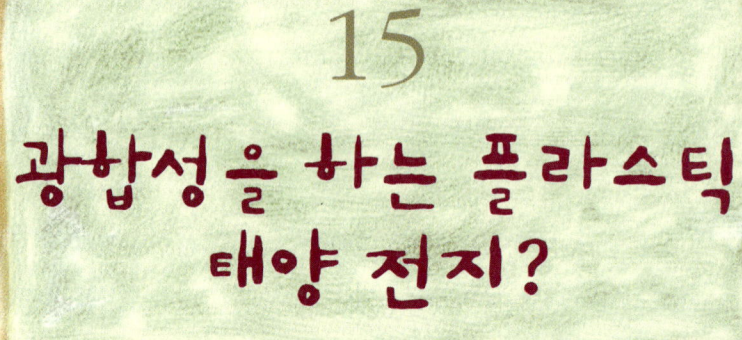

누나! 이모가 생일 선물로 손목시계를 보내 주셨어!

우아, 미믹은 좋겠다. 태양 전지로 가는 시계네!

자연을 지키는 에너지, 자연으로부터 배우다

"누나! 태양 빛은 정말 여러 곳에 쓰이는 것 같아, 그치? 전에 할머니 댁에 갔을 때 태양 빛을 모으는 곳에 갔었잖아."

"맞아! 태양 빛을 모으는 집열판이 죽 세워져 있었지. 자연을 파괴하지 않고 에너지를 얻을 수 있는 방법이야."

무슨 소리냐고요? 우리 할머니, 할아버지는 전남 순천에 살고 계세요. 할아버지는 젊었을 때 집짓는 건축 일을 하셨는데, 나이가 드시니까 시골에서 농사를 짓고 싶다고 하셨어요. 그래서 지금은 포도 농사를 짓고 계세요. 공기도 맑고 물도 깨끗한 곳이어서 그런가요? 포도가 너무 맛있는 거예요. 또 예쁜 손녀와 손자가 먹을 거라고 농약도 절대 안 하셔서 얼마 전에는 유기농 확인 마크까지 받으셨답니다.

순천 하면 유명한 곳이 있지요? 여러분도 한 번쯤 들어 보셨을 거예요. 바로 '순천만'이에요. 저희 가족은 순천만에 자주 들러서 갈대

밭 사이도 걸어 보고, 철새 구경도 한답니다.

 이번에는 순천만에 펼쳐진 갯벌을 볼 수 있는 비포장도로를 따라갔는데, 그곳에 태양광 집열판이 죽 서 있는 것이 아니겠어요? 차에서 내려서 자세히 살펴보았더니 태양광 발전을 시험적으로 운영하고 있는 곳이라고 하더라고요. 아 참! 전라남도가 태양광 발전에는 그만인 자연 조건을 가진 곳이래요. 태양의 복사 에너지가 지구에 와 닿는 양을 일사량이라고 해요. 전라남도는 무엇보다 일사량이 전국 평균보다 10% 이상 높고, 해안에서 불어오는 바람이 태양광 발전 장치가 가열되는 것을 막아 주어 발전 효율이 높대요. 그러니 태양광 발전 시설이 유독 순천, 신안 등 전라남도 남해안 일대에 집중될 수밖에요.

 태양광 발전은 일사량이 가장 많은 여름보다도 4~5월에 발전량이 더 많은데, 이때가 태양광 발전 효율이 가장 좋은 20±3℃가 유지되

기 때문이랍니다.

"누나! 무슨 생각을 그렇게 오래 해?"

"응? 아니, 전에 순천 갔을 때 봤던 태양광 발전소 생각 좀 했어."

"이것 좀 봐. 태양 전지를 인터넷에서 검색해 봤더니 이런 뉴스가 나왔어."

"이게 뭐야. 광합성을 하는 플라스틱 태양 전지가 개발됐다고? 우아~!"

세계 최고 성능 플라스틱 태양 전지 개발되다!

식물의 광합성을 모방한 태양 전지가 광주 과학 기술원(GIST) 이광희 교수 연구팀에 의해 개발되었다. 세계 최고 성능의 유기물 플라스틱 태양 전지를 개발하고, 그 연구 결과를 세계적인 학술지 《사이언스》 2007년 7월 13일자에 실었다. 유기물을 이용한 플라스틱 태양 전지는 식물의 광합성 작용을 모사해 만들었는데, 플라스틱의 한 종류인 고분자와 풀러렌이란 물질을 이용해 빛을 받아 전기를 만드는 '인공 광합성 소자'다. 이 연구팀이 개발한 태양 전지는 두 개의 전지가 이 층으로 포개진 구조를 가지고 있어 단일 구조 전지의 두 배나 되는 전압을 낼 수 있다고 한다. 플라스틱 전지는 값도 싸고 가볍고 만드는 과정도 간단하기 때문에 국제 사회의 관심이 주목되고 있다.

"이것도 요즘 우리가 공부하고 있는 자연을 흉내 낸 바이오미메틱스가 맞는 거지?"

"그렇겠네. 식물의 광합성을 흉내 낸 거잖아. 궁금하다. 엄마한테 여쭤 봐야겠어."

"누나, 그 기사 내가 찾은 거잖아. 고맙다는 말은 해야지!"

"그래, 그래! 미믹, 정말 고마워. 앞으로도 더 많이 찾아 주길 바란다. 응?"

미믹은 꼭 저래요. 뭔가 하나를 도와주거나 제가 모르는 걸 알고 있기라도 하면 저렇게 생색을 낸다니까요. 하지만 어쩌겠어요. 다 이 똑똑한 누나에게 자극 받아 그러는 거겠거니 해야지요.

"엄~마~아~. 궁금한 게 있어요!"

어휴, 미믹 녀석 엄마를 부르면서 쏜살같이 달려가네요. 미믹은 기사 내용이 궁금한 것보다 엄마한테 칭찬을 받고 싶어서 저러는 거예요. 제 동생 개구쟁이지만 귀엽죠?

"응? 미믹, 뭐가 궁금한데?"

"엄마, 이 기사 좀 설명해 주세요. 광합성을 흉내 내서 그것도 플라스틱으로 태양 전지를 만들었대요. 신문 기사가 좀 어려워요."

"어유, 우리 미믹이 이런 기사도 궁금해하고. 정말 과학자가 되려는 건가? 수영 선수가 되려는 꿈은 버린 거야?"

"아니요. 수영 선수가 돼서 금메달도 딸 거고, 스파이더맨도 될 거고, 슈퍼맨처럼 하늘도 날아다닐 거고, 삼촌처럼 스포츠카를 만드는 사람도 되고 싶어요!"

여러분 미믹 좀 보세요. 저렇게 꿈이 많다니까요. 어른들 말씀이 애들은 크면서 꿈이 자꾸 바뀐다고 하던데, 저 녀석도 좀 더 자라면 현실적인 꿈으로 바뀌어 갈까요? 지금 같아서는 정말 슈퍼맨 정도 되어야 저 꿈을 다 이룰 수 있겠네요.

"미믹, 이지! 이 기사는 생각보다 어려운 게 아닌데. 잘 들어 봐. 유기물을 이용한 플라스틱 태양 전지는 식물의 광합성 작용을 모사한 '인공 광합성 소자'라고 되어 있잖아. 식물의 광합성 작용을 본떠서 만든 인공 광합성 장치라는 말이지."

"고분자와 풀러렌이라는 물질을 이용했다는 말은 또 뭐예요? 고분자는 뭐고, 풀러렌은 뭔데요?"

"고분자는 쉽게 말해 플라스틱의 한 종류야. 그래서 플라스틱 태양 전지라고 한 거고. 풀러렌은 탄소 60개가 모여서 동그란 공 모양을 하고 있는 것을 말해."

엄마는 풀러렌을 설명하시면

서 그림을 그려 주셨어요. 정말 축구공처럼 생겼더라고요.

"엄마! 광합성이라면 식물이 태양 빛을 이용해 땅에서 빨아들인 물과 공기 중의 이산화탄소를 합성해서 영양분인 포도당을 만들어 내는 작용이잖아요. 그 과정에서 얻어진 산소는 밖으로 내보내니까 식물이 많은 집은 공기가 상쾌하다고 하는 거고요."

정보를 전달하는 축구공, 풀러렌

버키 볼(bucky ball)이라고도 하는 풀러렌(fullerene)은 탄소 원자 60개로 이루어진 축구공 모양의 분자 구조를 가진 물질입니다. 굴뚝 그을음 속에서 찾아볼 수 있는 검은색 가루지요. 버키 볼이란 이름은 분자 모양이 건축가 벅민스터 풀러(Buckminster Fuller)의 작품인 지구 돔 모양을 닮았기 때문에 그의 이름에서 따온 거랍니다.

풀러렌은 12개의 5각형 고리와 30개의 6각형 고리로 연결되어 있는데, 5각형 고리에는 6각형 고리가 5개씩 붙어 있어요. 풀러렌 분자는 새장처럼 아주 작은 물질을 가둘 수 있고, 강하면서도 미끄러운 성질이 있답니다. 또 다른 물질을 넣거나 끼울 수 있도록 열리기도 하고, 튜브처럼 이어지기도 해요. 이러한 성질을 이용해 컴퓨터 칩에서 원자 크기의 가는 선을 통해 정보를 전달하기도 하고, 몸속에서 필요한 의약품을 운반하는 데도 이용되지요. 이렇게 쓰임새가 다양한 풀러렌은 첨단 과학 기술 분야에서 많은 연구가 이루어지고 있답니다.

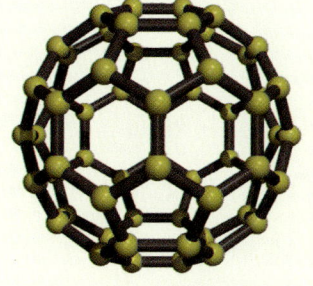

"엄마! 누나 말대로 광합성은 식물의 잎이 영양분을 만드는 과정인데, 태양 전지가 어떻게 광합성을 한다는 거예요?"

"그래, 이지와 미믹이 잘 알고 있구나. 식물은 엽록소가 있어서 태양 빛을 이용해 탄소 화합물인 포도당을 만들어 내지. 플라스틱 태양 전지의 광전류가 발생하는 과정을 나타낸 그림을 잘 보렴. 태양 에너지를 받으면 플라스틱 태양 전지 내부의 고분자와 풀러렌으로 만든 층이 엽록소처럼 광합성 작용을 일으키는 거라고 설명이 되어 있구나!"

"그럼 플라스틱 태양 전지는 태양 빛을 받으면 광합성을 하는 것처럼 광전류가 발생하는 거네요? 그런데 왜 두 개의 층으로 된 태양 전지를 만든 거죠?"

"여기 보도자료에는 두 개의 태양 전지가 적층형, 그러니까 이 층 형태로 포개진 구조라는구나. 지금 사용하는 태양 전지는 태양 빛의 일부만을 흡수하게 되어 있어. 그런데 새로운 적층형 태양 전지는 기존의 태양 전지가 놓쳤던 다른 태양 빛을 흡수할 수 있는 전지 한 개를 덧붙여서 태양 빛 대부분을 흡수할 수 있게 만든 거야. 그러니까 훨씬 많은 전기를 생산할 수 있게 된 거지."

"아하! 태양 빛은 가시광선, 적외선, 자외선처럼 여러 빛의 영역이 있는데 이 적층형 태양 전지는 넓은 범위의 태양 빛을 흡수한다 이거죠? 그러니까 1층과 2층이 흡수할 수 있는 빛의 영역이 다른 거네요.

같은 걸 두 개 쌓은 건 줄 알았더니……."

"누나도 참, 효율을 높이려고 그런 거 아냐! 지구에 도달하는 태양 빛은 일정한데 일부분만 흡수한다면 전기를 많이 생산할 수 있겠어? 사람이 효율적으로 살아야지!"

"미믹, 네 말이 맞다! 호호호."

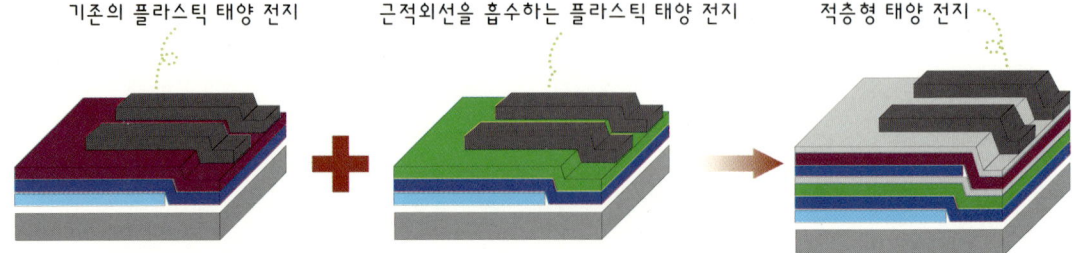

플라스틱 태양 전지는 식물의 광합성 작용을 본떠서 만들었어요. 적층형 태양 전지는 태양의 가시광선만 흡수했던 기존 플라스틱 태양 전지에 근적외선을 흡수하는 새로운 플라스틱 태양 전지를 덧붙여 2층 구조를 도입해 에너지 효율을 높였지요. 실리콘 태양 전지에 비해 값이 싸고 가벼우며, 실온에서 제작이 가능한 장점도 있답니다.

새로운 플라스틱 태양 전지에 대한 이야기를 듣다가 '이것을 어디에 이용할 수 있을까' 하는 생각이 들었어요. 그래서 엄마가 주신 자료를 꼼꼼히 읽어 보았더니 방한 코트나 기능성 전자 가방, 곡면으로 된 빌딩, 전자 신문을 만드는 데도 이용이 될 수 있다고 해요.

"신문에 보니까 플라스틱 태양 전지는 가지고 다니기 편해서 사막 같은 데서도 노트북 컴퓨터 전원으로 사용할 수 있다고 하던데요. 플라스틱으로 만들어서 그런 거죠?"

"그래. 가벼운 것도 장점이지. 환경오염 없이 에너지를 생산할 수 있는 것도 큰 장점이고."

맞아요. 지구 온난화가 아주 심각하다고 하잖아요. 2007년 여름에는 장마가 끝난 뒤, 8월 1일부터 15일까지 이틀 정도만 빼고 비가 계속 오기도 했잖아요. 그래서 장마라는 말 대신 '우기'라는 말이 생겨

날지도 모른데요. 여름에 비가 며칠씩 계속되는 때를 '장마'라고 하잖아요. 그런데 여름에 너무 많은 비가 집중적으로 내려서 일 년 중 비가 많이 오는 시기라는 뜻인 '우기'라는 말이 생길지도 모른다고 하니, 지구 온난화 때문에 우리나라에도 기상이변이 일어나고 있다는 뜻인 것 같네요.

"아싸, 내 망토에도 플라스틱 태양 전지를 달아야지. 에너지 업그레이드, 슈퍼맨!"

이런 심각한 이야기를 하는데도 미믹은 슈퍼맨 타령이네요! 그래도 이 누나가 계속해서 과학에 대한 상식들을 이야기해 줘야겠지요?

아는 만큼 커지는 생각 보따리

위기의 섬, 투발루를 구해 주세요!

지구 온난화 현상 때문에 극지방의 빙하가 계속 녹아 해수면이 높아지고 있어요. 빠른 기후 변화 때문에 50년 뒤 가장 먼저 가라앉을 상황에 처한 남태평양의 섬나라 투발루를 아시나요? 투발루의 안타까운 상황과 지구 온난화의 심각성을 함께 생각해 봐요.

투발루 사람들은 투발루가 사라지지 않도록 전 세계가 이산화탄소 등 온실가스를 줄이는 데 힘써 주길 바라고 있어요. 그러나 투발루처럼 눈앞에 위기가 닥치지 않은 나라에서는 이런 상황을 모른 체하고 있답니다. 투발루 사람들은 비상시에 뉴질랜드로 이주를 할 수 있게 되어 있다고 해요. 그러나 삶의 터전을 버리고 가야 하는 투발루 사람들은 어떻게든 자신들의 작은 섬나라를 지키기 위해 노력하고 있어요.

투발루는 10여 년 전부터 해수면이 상승하고, 높은 파도가 일기 시작하면서 연안이 침식되는 등 기후 변화로 인한 실질적인 영향을 곳곳에서 받고 있답니다. 투발루를 살릴 수 있는 유일한 방법은 전 세계가 함께 온실가스를 줄이는 노력을 하는 거예요. 또한 재생 가능한 에너지를 만들 수 있는 기술 개발에 최선을 다하는 것이겠지요.

투발루를 구하고, 푸른 지구를 구할 수 있는 방법에는 또 무엇이 있을까요? 우리 함께 생각해 봐요.

■ 남태평양에 있는 섬나라 투발루는 세계에서 네 번째로 큰 산호초로 이루어진 섬입니다. 해마다 2~3월이면 조수가 밀려들어 해수면이 상승하는데, 지구 온난화로 극지방의 빙하가 녹으면서 이 현상이 점점 더 심해지고 있어요. 위기의 섬, 투발루를 구하는 방법은 전 세계가 나서서 온실가스를 줄이는 등 지구 온난화를 막는 데 적극적으로 노력하는 것뿐입니다.